Wolfgang Libal
Die Serben

Wolfgang Libal

DIE SERBEN

Blüte, Wahn und Katastrophe

EUROPAVERLAG MÜNCHEN – WIEN

Die Deutsche Bibliothek – CIP-Einheitsaufnahme

Libal, Wolfgang:
Die Serben : Blüte, Wahn und Katastrophe / Wolfgang Libal. –
München ; Wien : Europaverl., 1996
ISBN 3-203-51255-6

Lektorat: Afra Margaretha

Umschlaggestaltung: Wustmann und Ziegenfeuter, Dortmund

Herstellung: Pustet, Regensburg
Printed in Germany
ISBN 3-203-51255-6

Inhalt

Zur Einführung 7

1. Gewitterwolken am serbischen Horizont 9
2. »Die serbische Frage« – neu formuliert 12
3. Im Banne des Amselfelds 16
4. Serben und Kroaten im Dunkel der Geschichte 20
5. Das Rad der Geschichte setzt sich in Bewegung 24
6. Die Serben im Sog von Byzanz 27
7. Die Sonderstellung Bosniens 29
8. Die Serben – Gottes Volk 33
9. Die serbisch-orthodoxe Kirche –
   Größe und Versuchung 36
10. Die Väter des neuen Serbien:
    Djordje Karadjordje und Miloš Obrenović 48
11. Die Bedeutung Vuk Karadžićs für die Serben 56
12. Ilija Garašanin:
    Der Vater der groß-serbischen Idee 62
13. Blutige Spur durch die Geschichte 67
14. Der neue gemeinsame südslawische Staat 77
15. Verschwörungen, Attentate, Morde –
    auch im neuen Staat Jugoslawien 86
16. Alexander der Einiger? 92
17. Eine Internationale des Terrors 98
18. Die Serben und die jugoslawische Idee 101
19. Seit wann gibt es eine »serbische Frage«? 105

20. Serben und Russen – traditionelle Freunde? 109
21. Eine Offiziersverschwörung führt
    in den Zweiten Weltkrieg 120
22. Bedrängt von Hitler, Mussolini, Churchill und Tito –
    die Serben im Zweiten Weltkrieg 127
23. Tito und die Serben – ein komplexes Verhältnis 133
24. Mitten unter den Serben 141
25. Der unaufhaltsame Aufstieg
    des Slobodan Milošević 147
26. Ein Volk steht auf 154
27. Milošević und die Intellektuellen 157
28. Milošević macht die Armee zu seinem Werkzeug ... 161
29. Als Serbien nicht im Krieg war 168
30. Vom Bosnien-Konflikt
    zum innerserbischen Streit 174
31. Ćosić/Panić – ein undurchsichtiges Zwischenspiel .. 183
32. Milošević – der Zerstörer 187
33. »Für serbische Verbrechen ist Gott zuständig« 189
34. Die Serben – ein absterbender Ast? 192
35. Die traurige Bilanz des serbischen Krieges 195
36. Kein Konzertmeister des Balkanorchesters 200

Literaturnachweis 204
Register 206

Zur Einführung

DER KRIEG IM EHEMALIGEN JUGOSLAWIEN WAR NUR EINER der Gründe, die mich veranlaßten, nicht allein über Serbien, sondern über die Serben insgesamt zu schreiben. Also auch über die Serben in Kroatien, in Bosnien-Herzegowina und in der Vojvodina.

Mein besonderer Zugang ergab sich im wesentlichen daraus, daß ich Jahre unter den Serben gelebt hatte, als deutscher Korrespondent in Belgrad. Diese Jahre zählten zu den anregendsten meines Journalistenlebens.

Ich hatte es mit einem vitalen Volk zu tun, dessen Vorzüge und Begabungen ebenso ausgeprägt sind wie seine befremdenden Eigenschaften: auf der einen Seite Durchsetzungskraft und Opferbereitschaft, auf der anderen Selbstbezogenheit, Selbstmitleid und Rücksichtslosigkeit. Ein Volk mit einer Geschichte, die als Mythos immer präsent ist, aber die Gefahr irrationalen politischen Handelns in sich birgt. Ein Volk voller interner Spannungen zwischen europäisch-aufgeschlossener Geisteshaltung und einem balkanischen Blut-und-Boden-Provinzialismus.

Es war nicht zu vermeiden, daß die Beschäftigung mit den Serben auch den »serbischen Krieg« in Kroatien und in Bosnien-Herzegowina nicht außer acht lassen würde. Mir liegt es jedoch fern, daraus eine Art kollektive Schuld des serbischen Volkes an den Zerstörungen, Vertreibungen und Morden abzuleiten, deren Zeuge die Welt seit dem Zerfall Jugoslawiens geworden ist.

Dennoch stellt sich die Frage, inwieweit dieser Krieg seine Wurzeln in der Einstellung der Serben zu anderen Völkern

hat, im Selbstverständnis der Serben oder in ihrem Verhältnis zu Herrschaft und Macht begründet ist.

Das Regime im Stammland Serbien und die Westserben
haben das Groß-Serbien, für das sie in den Krieg gegangen
sind, nicht schaffen können. Im Gegenteil, den Serben sind
jahrhundertealte Siedlungsgebiete im Westen des ehemaligen Jugoslawien verlorengegangen.

Wird diese nationale Katastrophe Anlaß zu einer Selbst-
prüfung sein, oder wird sie als Trauma das Bewußtsein der
Serben für Jahrzehnte belasten? Davon wird ihr künftiges
Verhältnis zu allen ihren Nachbarn und ihre Stellung auf dem
Balkan und die politische Zukunft in Südosteuropa insgesamt
abhängen.

Gewitterwolken am serbischen Horizont

22. AUGUST 1983, DREI UHR NACHMITTAGS, NEUER FRIED-
hof in Belgrad. Zu Grabe getragen wird ein Mann, der zwanzig Jahre lang zu den mächtigsten im kommunistisch regierten Jugoslawien gehört hatte: Alexander Ranković. Der nach
Tito vielleicht einflußreichsten politischen Persönlichkeit hatten sämtliche Polizeiformationen, einschließlich der UDBA
(Uprava družstvene bezbednosti), dem Staatssicherheits-
dienst, unterstanden; auch für Kaderfragen war Ranković zuständig gewesen. Jeder, der in der Kommunistischen Partei
(KPJ), später dem »Bund der Kommunisten Jugoslawiens«
(BDKJ) etwas werden wollte, mußte an ihm vorbei. Zeitweise galt er sogar als der Nachfolger Titos.

Doch dann wurde im Juli 1966 Ranković auf dem berühmten Brioni-Plenum gestürzt und entmachtet. Die »Föderalisten« und der Geheimdienst der Armee (KOS – *Kontraoba-
vestajna služba*) hatten sich durchgesetzt. Seither war er von
der politischen Bühne verschwunden. Er gab keine Interviews und veröffentlichte auch keine Memoiren, auch nicht
nach Titos Tod 1980.

Trotzdem war sein Begräbnis ein politisches Ereignis
ersten Ranges. Nur mit Mühe konnte man überhaupt in den
Friedhof gelangen. Eine gewaltige Menschenmenge drängte
durch das Tor in Richtung Leichenhalle, und als sich der Zug
in Bewegung setzte, brach jede Ordnung zusammen. Die
Menschen schrien »Marko« und »Leka« – das waren die
Decknamen Rankovićs während des Partisanenkrieges –
trampelten rücksichtslos über die Gräber hinweg, und man
mußte höllisch aufpassen, nicht an einen Grabstein geschleu-

dert zu werden. Niemand sorgte für Ordnung, weder vor noch auf dem Friedhof. Es war kein gewöhnliches Begräbnis, es war eine politische Demonstration. Doch das merkwürdigste: Sie folgte keiner Regie, niemand schien sie angeordnet zu haben.

Es müssen an die vierzig- bis fünfzigtausend Menschen an dem Begräbnis teilgenommen haben. Alles ehemalige Polizisten, die ihrem Chef demonstrativ die letzte Ehre erweisen wollten? Waren es überhaupt *stari borci* (alte Kämpfer), also Partisanen und Altkommunisten, die zeigen wollten, daß sie nach wie vor zu ihrem großen Genossen standen? Natürlich waren viele solcher Leute unter den »Trauergästen« – das verrieten schon deren Physiognomien –, aber die Mehrzahl war aus anderen Motiven gekommen.

Für sie war Ranković der Repräsentant Serbiens in der kommunistischen Partei- und in der Staatsführung gewesen, der Mann, der dort die Interessen Serbiens gegenüber Kroaten, Slowenen und Mazedoniern vertreten und die Albaner im Kosovo mit eiserner Faust regiert hatte. Das war ihrer Meinung nach auch in Ordnung. Es war der Mann, der schließlich den schmutzigen Intrigen von Leuten wie Bakarić, Kardelj und Crvenkovski zum Opfer gefallen war, Aufwieglern, die nichts anderes im Sinne gehabt hätten, als den Einfluß der Serben im Tito-Jugoslawien systematisch zurückzudrängen.

Vergessen war bei diesen Menschen offensichtlich die Verantwortung Rankovićs für ein Polizeiregime, das sich, was Brutalität und Effektivität betraf, hinter dem anderer kommunistisch regierter Länder nicht zu verstecken brauchte und das auch ebenso gefürchtet war. Jetzt galt nur noch Rankovićs Bedeutung für Serbien.

So wurde dieses Begräbnis zur ersten nationalistischen Demonstration der Serben nach Titos Tod, zu ihrem ersten ausschließlich national geprägten Auftreten auf der politischen Bühne Jugoslawiens.

Im Lande selbst wurde es von den Nachfolgern Titos in seiner Bedeutung heruntergespielt, außerhalb der Grenzen Jugoslawiens als ein Erinnerungstreffen alter Kameraden oder ein Stück Balkanfolklore verkannt. In Wahrheit kündigte es gewaltige politische Erschütterungen im südslawischen Vielvölkerstaat an: den Drang der Serben zur nationalen Selbstbehauptung.

»Die serbische Frage« – neu formuliert

DREI JAHRE SPÄTER ERFOLGTE EIN WEITERER NATIONA-
listischer Paukenschlag durch die Serben, der aber diesmal
weder heruntergespielt noch in seiner Tragweite verkannt
werden konnte.

Am 24. und 25. September 1986 veröffentlichte die Belgrader Zeitung *Večernije novosti* Auszüge aus einem Memorandum der »Serbischen Akademie der Wissenschaften und
Künste«, das nichts anderes war als ein Manifest des serbischen Nationalismus.

Vergeblich bemühte sich der Vorstand der Akademie zu
betonen, daß die Veröffentlichung unautorisiert sei und daß
es sich nur um einen Entwurf und kein abgeschlossenes, von
den Akademiemitgliedern gebilligtes Dokument handle.

Es konnte nie geklärt werden, auf welchen Wegen das Dokument in die Zeitung gelangt war. Sein Inhalt, ob nun fertig
oder unfertig, war jedoch von größter politischer Brisanz. Die
Herkunft gab dem Dokument sein Gewicht, denn die Serbische Akademie besitzt in Sachen der Nation höchste Autorität.

Wie aber sah diese Institution die Lage Serbiens und die
der Serben nach Titos Tod?

Den Serben bliebe in Tito-Jugoslawien ihr eigener Staat
versagt, war die Grundthese des Dokumentes. Die Republik
Serbien würde nämlich durch die beiden autonomen Provinzen Vojvodina und Kosovo in ihrer Staatlichkeit beschnitten,
denn diese Provinzen besäßen durch die Verfassung von 1974
beinahe den Status von Republiken. Im Verhältnis zu den
übrigen fünf jugoslawischen Teilrepubliken sei Serbien also

benachteiligt, denn keine andere von ihnen hätte eine autonome Provinz in ihrem Territorium.

Große Teile des serbischen Volkes müßten in anderen Republiken leben, zum Beispiel in Kroatien, und würden dort nicht die gleichen Rechte wie andere Minderheiten genießen. Noch nie in der Geschichte, mit Ausnahme der Zeit des Ustascha-Staates im Zweiten Weltkrieg, seien diese Serben so bedroht gewesen wie in Kroatien. »Die Auflösung ihrer kulturellen Institutionen gefährdet die Bewahrung ihrer Identität, führt zur Assimilierung und damit zur Zerstörung der nationalen Einheit der Serben«, heißt es in dem »Memorandum«.

Im Kosovo seien die Serben von seiten der albanischen Bevölkerungsmehrheit einem Genozid ausgesetzt. Gegen sie werde ein offener Krieg geführt, um sie zur Abwanderung zu zwingen. »Dagegen muß mit allen gesetzlichen Mitteln vorgegangen werden, denn das Schicksal des Kosovo ist eine Lebensfrage des gesamten serbischen Volkes«, war zu lesen.

Die Wirtschaft Serbiens sei von den beiden Republiken Slowenien und Kroatien gezielt benachteiligt worden, wodurch sie rückständig geblieben sei. Überhaupt habe sich zu Zeiten Titos eine kroatisch-slowenische Vorherrschaft in Staat und Partei zum Nachteil der Serben herausgebildet. Den Serben werde die Gleichberechtigung vorenthalten, obwohl sie für Jugoslawien die größten Opfer gebracht hätten: 2,5 Millionen Tote in zwei Weltkriegen. Die kroatisch-slowenische Koalition habe nach dem Motto gehandelt, ein schwaches Serbien bedeute ein starkes Jugoslawien.

Im vergangenen halben Jahrhundert sei auf der Basis der Ideologie der Komintern und der KPJ dem serbischen Volk der Stempel eines »Kerkermeisters« aufgedrückt und das Gefühl einer historischen Schuld auferlegt worden. Keinem anderen jugoslawischen Volk sei so systematisch seine geistige und kulturelle Integrität abgesprochen worden.

Deshalb müsse das serbische Volk von der Hypothek einer

historischen Schuld befreit, die Behauptung von seiner öko-
nomischen Privilegiertheit widerlegt und sein Beitrag zum
Befreiungskampf und zur Schaffung Jugoslawiens voll anerkannt werden. Um die legitimen Interessen Serbiens zu
sichern und die Frage seiner Staatlichkeit zu lösen, müsse die
Verfassung revidiert werden. Jugoslawien drohe der Zerfall,
wenn das serbische Volk in der Ungewißheit seiner Zukunft
leben müsse.

Die Veröffentlichung schlug wie eine Bombe ein. In Belgrad wie auch in den Hauptstädten der Teilrepubliken, vornehmlich in Zagreb (Agram) und Ljubljana (Laibach), in der
jeweiligen Parteiführung wie auch in den nichtkommunisti-
schen, hauptsächlich intellektuellen Kreisen war man gleichermaßen schockiert. Aus mehreren Gründen.

Das »Memorandum« war der erste öffentliche Angriff
einer serbischen – mit großer Autorität ausgestatteten – Institution gegen das Jugoslawien Titos. Indem es von einer kroatisch-slowenischen Verschwörung gegen Serbien sprach, entzog es trotz formeller Bekenntnisse zu einem föderativen
Jugoslawien einer solchen Föderation praktisch die Grundlage, beziehungsweise ließ den serbischen Führungsanspruch
erkennen. Die serbische KP und ihre Führung wurden als Er-
füllungsgehilfen bei Titos antiserbischer Politik denunziert.

Noch wichtiger aber war, daß das »Memorandum« alle
nationalistischen Gefühle und Affekte artikulierte, die sich
seit etwa 1983 in der serbischen Öffentlichkeit zunächst noch
versteckt, später aber – vor allem in der Kulturszene – schon
offen manifestiert hatten. Die Theater spielten in der Mehrzahl patriotische Stücke, die Buchhandlungen führten vor
allem Titel über serbische Geschichte. Historie und Mythos
verbanden sich auf unauflösbare Art.

War das »Memorandum« nicht nur ein »Bericht zur Lage
der Nation«, sondern darüber hinaus auch ein Handlungs-
programm für eine neue serbische Führung? Slobodan

Milošević, der ein Jahr später an die Spitze der kommunistischen Partei in Serbien treten und 1989 auch Präsident der
Republik werden sollte, berief sich bei seinen politischen Aktionen nie dezidiert darauf. Dennoch war das Kosovo-Problem und damit die Anullierung der Verfassung von 1974 ein
vorrangiges Ziel, dem die militärische Aufrüstung der Serben
in Kroatien und anschließend in Bosnien-Herzegowina folgten.

Viele Jahre zuvor, noch zu Titos Zeiten, hatte ein serbischer Freund einmal zu mir gesagt: »Jugoslawien kann zur
Not mit einem kroatischen Problem leben. Mit einem serbischen kann es das nicht.«

Seine Äußerung sollte sich als prophetisch erweisen. Denn
mit dem »Memorandum« der Akademie war »die serbische
Frage« zur Existenzfrage Jugoslawiens geworden.

3.

Im Banne des Amselfelds

WIEDER DREI JAHRE SPÄTER, ENDE JUNI 1989. AM 28. Juni, dem *Vidovdan* (St.-Veits-Tag), begeht die serbische Nation den 600. Jahrestag der Schicksalsschlacht auf dem Kosovo Polje, dem Amselfeld. An diesem Tag des Jahres 1389 schlug hier das osmanische Heer die christliche Streitmacht des serbischen Fürsten Lazar. Das war das Ende des serbischen Feudalstaates im Mittelalter.

Historisch war die Schlacht eine nationale Katastrophe. Das Heer des serbischen Fürsten Lazar, des mächtigsten unter den regionalen Herrschern – das Großreich des Zaren Dušan, das von der Donau bis zum Golf von Korinth gereicht hatte, war zuvor in eine Reihe kleinerer Königreiche und Fürstentümer zerfallen – wurde von den Türken vernichtet. Fürst Lazar wurde gefangengenommen und enthauptet. Sultan Bajesid I. rächte auf diese Weise den Tod seines Vaters Murat I., den der serbische Ritter Miloš Obilić erdolcht hatte. Für die Türken wiederum war der Sieg auf dem Amselfeld der Grundstein für ihre 500jährige Herrschaft auf dem Balkan.

Alles in allem ist die Schlacht auf dem Amselfeld am 28. Juni 1389 kein Ereignis, das von den Serben gefeiert werden müßte. Dennoch gab sie Anlaß zur Entstehung eines Mythos, der die serbische Geschichte entscheidend prägen sollte.

»Ein Mythos ist etwas, was niemals war und immer sein wird«, sagt ein serbischer Historiker. Mit anderen Worten: Als ein Mythos gilt in diesem Zusammenhang der Niederschlag eines historischen Ereignisses im Bewußtsein der betreffenden Nation, unabhängig von den historischen Tatsachen.

Im Falle der Schlacht auf dem Amselfeld überwuchert der Mythos die Realität, es sind die Erzählungen und Sagen von den Heldentaten der serbischen Kämpfer, die in der Überlieferung fortleben. Zum Beispiel der Bericht von der Tat des Ritters Obilić, der den Sultan tötet, vom Zaren Lazar, der lieber in den Tod geht, als sich dem Sultan zu unterwerfen, vom Rabenpaar, das der Zarin Milića die Kunde vom Untergang des serbischen Heeres bringt, und vom »Mädchen vom Amselfeld«, das auf dem Schlachtfeld die verwundeten Ritter wäscht und mit Wein und Brot labt.

Der Kosovo-Mythos geht aber über die volkstümliche Verklärung eines geschichtlichen Ereignisses weit hinaus. Er hat für die orthodoxen Serben auch eine theologische Dimension. In einem der Gesänge des Kosovo-Zyklus, der als »das Testament vom Kosovo« bezeichnet wird und den Titel »Zar Lazar wählt das Himmelreich« trägt, stellt der Prophet Elias, der in Gestalt eines grauen Falken aus Jerusalem herbeigeflogen kommt, den serbischen Herrscher vor die Wahl zwischen einem irdischen und dem himmlischen Reich. Entscheide er sich für das irdische Reich, werde er die Türken vernichten, wähle er aber das himmlische Reich, werde er mitsamt seinem Heer untergehen. Lazar entscheidet sich für das himmlische Reich, denn das »irdische Reich währt nur für kurze Zeit, das himmlische aber durch die Jahrhunderte«. Und so stirbt der serbische Fürst, und es stirbt seine ganze Armee. »Alles war würdig und gerecht, so wie es die göttliche Vorsehung gewollt hatte«, schließt der Gesang. Also war die Niederlage auf dem Amselfeld eigentlich gar keine Niederlage, sondern ein freiwilliger Opfergang. Seither bezeichnen sich die Serben als ein »Volk des Himmels« (*nebeski narod*), denn sie haben sich durch die Wahl und das Opfer Lazars in die Reihe der christlichen Märtyrer gestellt. Oder, wie es Bischof Nikolaj Velemirović, einer der führenden orthodoxen Theologen, vor Jahrzehnten einmal gesagt hat: »Kosovo hat gezeigt, daß unsere Geschichte ihre Vollendung erreicht, die tragische und aufregende Grenze zwischen dem Himmlischen und dem Irdischen, dem Göttlichen und dem Menschlichen. Kosovo legt Zeugnis dafür ab, daß wir als Volk niemals für geringfügige Dinge gekämpft haben und daß wir niemals für überflüssige und zeitliche Ziele begeistert werden konnten ... Es haben jene unrecht, die sagen, Kosovo habe das Rad unserer Geschichte aufgehalten, und wenn es kein Kosovo gegeben hätte, wir heute ein großes Volk wären! Es ist gerade das Kosovo, das aus uns ein großes Volk gemacht hat. Kosovo war unser nationales Golgatha und gleichzeitig unsere nationale, geistige und moralische Auferstehung, denn es hat die moralische Zersetzung unseres Volkes verhindert.«

Oft wird gesagt, die Serben lebten mit ihrer Geschichte. »Sie leben nicht mit ihrer Geschichte, sie leben mit dem Mythos ihrer Geschichte«, meint ein serbischer Historiker. Nicht nur der im Volk verbreitete Mythos, auch die theologische Verklärung der Schlacht auf dem Amselfeld belegen diese These.

Am 28. Juni 1989 ist die Hochfläche nördlich von Priština, der Hauptstadt des Kosovo, schwarz von Menschen. Aus allen Teilen Serbiens und auch aus den serbisch bewohnten Gebieten Kroatiens und Bosniens sind sie gekommen, mit Sonderzügen, Autobussen, PKWs, und die Prominenz in Flugzeugen. Eine Million Serben sind hier versammelt, in manchen Berichten wird sogar von zwei Millionen gesprochen. Das achtköpfige jugoslawische Staatspräsidium ist erschienen, das Haupt der orthodoxen Kirche, der greise Patriarch German, begleitet von zahlreichen bärtigen Bischöfen in großem Ornat, sowie auch viele der in Belgrad akkreditierten Botschafter. Und wie direkt vom Himmel schwebt Serbiens Präsident Slobodan Milošević in einem Helikopter auf das Schlachtfeld herab.

Es fehlen nur diejenigen, in deren Mitte sich die Feier

abspielt, und die in der Provinz Kosovo die überwältigende Mehrheit der Bevölkerung bilden: die Albaner. Sie hätten auch kaum Grund mitzufeiern. Denn die Belgrader Regierung ist dabei, die Autonomie der Provinz aufzuheben und sie einem harten Polizeiregime zu unterwerfen.

Bei dem Turm aus mächtigen Quadern, der vor Jahrzehnten zur Erinnerung an die Schlacht errichtet wurde, hält Milošević seine Festrede. Er sagt, die Niederlage der Serben vor 600 Jahren sei eine Folge von Uneinigkeit und Verrat in den eigenen Reihen gewesen. Heute befände sich das serbische Volk wieder in einem Kampf und weitere Kämpfe stünden bevor. »Es sind keine bewaffneten Kämpfe, obwohl auch solche nicht auszuschließen sind.«

Hier auf dem Amselfeld hat der damals unbestrittene Führer der Serben, Slobodan Milošević, also bereits die Möglichkeit militärischer Auseinandersetzungen zur Verwirklichung der nationalen Ziele des serbischen Volkes angekündigt. Von Jugoslawien hat er damals nicht gesprochen.

Zwei Jahre später war Jugoslawien zerfallen, und in Slowenien und Kroatien, die sich für selbständig erklärt hatten, waren militärische Operationen im Gang. Sie waren getragen von der serbisch dominierten »Jugoslawischen Volksarmee (JNA)« und serbischen irregulären Einheiten. Sie kämpften nicht für die Erhaltung Jugoslawiens, sondern für ein Großserbien.

4.

Serben und Kroaten im Dunkel der Geschichte

DIE SERBEN STELLEN DAS ZAHLENMÄSSIG STÄRKSTE VOLK unter den Balkanslawen dar. Von ihrem Selbstverständnis, ihrer Einstellung zu und ihrem Einfluß auf die übrigen Völker Jugoslawiens hing letztlich das Schicksal dieses Staates ab. Wir müssen jedoch auch diese anderen Völker in unsere Darstellung einbeziehen, in erster Linie die Kroaten als das zweitstärkste Volk, aber auch die Muslime in Bosnien und die Mazedonier, deren nationale Individualität sich erst in diesem Jahrhundert manifestiert hat. Als das einzige nichtslawische Volk im Rahmen des einstigen Jugoslawien natürlich auch die Albaner.

Von Miroslav Krleža, dem großen kroatischen Schriftsteller, stammt der Ausspruch: »Serben und Kroaten sind derselbe Haufen Mist, nur geteilt vom Rad der Geschichte.« Mit dieser drastischen Formulierung meinte Krleža zweifellos, daß Serben und Kroaten zwei Völker gleichen ethnischen Ursprungs sind, nur daß sie verschiedene historische Schicksale erfahren haben und davon in unterschiedlicher Weise geprägt worden sind.

Um dieses Problem genauer zu erforschen, müssen wir in die Tiefe der Geschichte hinabsteigen und fragen: Ab wann lassen sich in der Masse der Südslawen, die ab dem sechsten nachchristlichen Jahrhundert die Balkanhalbinsel überschwemmten und sich dort festsetzten, Kroaten und Serben voneinander unterscheiden? Und ab wann werden sie auch von ihren Nachbarn voneinander differenziert?

Wir rühren da an eine sehr heikle Frage, die seit beinahe

zwei Jahrhunderten zwischen Historikern und Volkskundlern beider Lager heftig diskutiert und wahrscheinlich auch niemals gelöst wird.

Da ich mich als Autor weder zu der einen noch zu der anderen Zunft zähle und in dieser Frage auch frei von nationalen Emotionen bin, wird man von mir wohl auch kein persönliches Urteil erwarten dürfen. Es seien hier lediglich die wichtigsten Argumente der jeweiligen wissenschaftlichen »Schulen« vorgetragen.

Zunächst müssen wir wohl unser Interesse auf folgende Frage konzentrieren: Sind Serben und Kroaten gemeinsam in der Masse der slawischen Stämme aus ihrer Urheimat nördlich der Karpaten zwischen Oberer Weichsel und Schwarzem Meer in die Länder südlich von Donau und Save vorgedrungen, und haben sie sich erst dort unterschiedlich entwickelt, oder sind sie schon als verschiedene ethnische Einheiten und möglicherweise zu verschiedenen Zeiten im Südosten aufgetaucht?

Die Antworten der Historiker und Volkskundler unterscheiden sich nicht nur inhaltlich, sondern differenzieren auch je nach historischem Kontext, in dem sie getroffen wurden. In der ersten Hälfte des vorigen Jahrhunderts neigte man zu der Meinung, Serben und Kroaten seien schon als »fertige Völker« auf den Balkan gekommen, so wie zum Beispiel die Magyaren oder die Urbulgaren. In der zweiten Hälfte des 19. Jahrhunderts setzte sich bei den Fachleuten aber die Meinung durch, die Südslawen seien als ein Volk mit einer aus drei Mundarten bestehenden gemeinsamen Sprache in Erscheinung getreten. Hier hätten sich dann im siebten und achten Jahrhundert zwei Stammesgemeinschaften herausgebildet. Die eine in Dalmatien, in der sich die Kroaten durchsetzten, die andere im Gebiet des heutigen Montenegro und Südserbien, in der die Serben die Oberhand gewannen.

Im 20. Jahrhundert verbreitete sich schließlich die These, daß es zwei Wanderungen der Südslawen zur Donau und über sie hinweg gegeben habe. Die erste zwischen dem Ende des vierten und dem Beginn des siebten Jahrhunderts, in der die Slawen noch eine undifferenzierte Gruppe waren. Die zweite dann im siebten und achten Jahrhundert, als, bedrängt durch die Awaren, zuerst die Kroaten und später die Serben als zwei unterscheidbare Völker nach dem Süden kamen und dort dann im Laufe der Zeit ihre Reiche schufen.

Erstmals erwähnt als unterschiedliche südslawische Völker wurden Serben und Kroaten erst im 10. Jahrhundert von dem byzantinischen Kaiser Konstantin VII. Porphyrogennetos, der von 913 bis 959 am Bosporus herrschte. Bis dahin scheinen die Südslawen in den byzantinischen Chroniken und Dokumenten meist nur unter der Sammelbezeichnung »Sklawinen« oder auch »Anten« (Wenden) auf. Das Land jenseits der Donau, aus dem sie gekommen sind, wird als »Sklawinia« bezeichnet.

In seinem Werk *De administrando imperii* (Von der Verwaltung des Reiches), das eigentlich kein Geschichtswerk, sondern ein Regierungsleitfaden für seinen Sohn und Nachfolger war, erwähnt Konstantin VII., daß sich die Kroaten während der Herrschaft des Kaisers Herakleios I. (610–641) in Dalmatien niedergelassen hätten. Aus weiteren Angaben auch anderer Chronisten schließen kroatische Historiker, daß die Ansiedlung der kroatischen Stämme an der Adria zwischen 625 und 630 erfolgt sein muß.

Auch Konstantin Porphyrogennetos erwähnt die Serben, deren Auftauchen auf dem Balkan er in die Zeit von Kaiser Herakleios legt. Ob aber die Serben zur gleichen Zeit wie die Kroaten erstmals auf dem Balkan erschienen und ob sie an dem Kampf gegen die Awaren beteiligt waren, darüber gehen die Meinungen kroatischer und serbischer Historiker auseinander. Erstere glauben, daß es erst um 635 gewesen sein kann, letztere sprechen von einem früheren Datum. Fest steht jedenfalls, daß in der ersten Hälfte des siebten Jahrhunderts weder die einen noch die anderen so etwas wie einen Staat herausgebildet hatten, sondern in mehr oder weniger losen Stammesgemeinschaften unter der Hoheit des Oströmischen Reiches lebten. Man muß aber davon ausgehen, daß ab der ersten Hälfte des siebten Jahrhunderts die gesonderte Existenz beider Volksgruppen historisch belegt ist.

Weiß man aber, wodurch sie sich damals unterschieden haben? Ethnisch wohl kaum, denn sie gehörten derselben slawischen Völkerfamilie an; sprachlich höchstens dadurch, daß sie verschiedene Dialekte der damals noch einheitlichen südslawischen Sprache sprachen; dem Glauben nach waren beide Gruppen noch Heiden; und in ihrer politisch-gesellschaftlichen Organisation waren sie sich absolut gleich: Sie lebten in Stammeseinheiten, auf deren Basis sich von Zeit zu Zeit Stammesverbände bildeten. Erst zu Beginn des neunten Jahrhunderts geriet ein Teil der Kroaten unter die Oberhoheit des fränkischen Reiches.

5

Das Rad der Geschichte
setzt sich in Bewegung

ALLMÄHLICH BEGANN SICH DAS RAD DER GESCHICHTE IN Bewegung zu setzen. Zwei Faktoren spielten hier eine besondere Rolle: die Herausbildung staatlicher Einheiten und die Christianisierung. Durch das Vordringen an die dalmatinische Küste kamen die Kroaten frühzeitig mit den Resten der römischen und mit der christlichen Zivilisation in Berührung, die in den Küstenstädten und auf den Inseln die Stürme der Awaren und ihrer Verbündeten überstanden hatten. Die erste Christianisierungswelle dürfte die Kroaten schon in der ersten Hälfte des siebten Jahrhunderts erfaßt haben, wenn man auch hier Konstantin Porphyrogennetos glauben will, der in seinem schon zitierten Werk *De administrando imperii* schreibt: »Kaiser Herakleios sandte Botschafter aus, ließ aus Rom Glaubensboten kommen, bestellte aus ihnen einen Erzbischof, einen Bischof, Priester und Diakone und ließ die Kroaten taufen ...« Damals, in der ersten Hälfte des siebten Jahrhunderts, gab es noch keinen Bruch zwischen Rom und Byzanz.

Der erwähnte Erzbischof war, wie aus anderen Quellen hervorgeht, Johannes von Ravenna. Papst Johannes IV. setzte ihn 641 als Erzbischof der neu errichteten Metropolie von Split ein, der er alle Funktionen der fünfundzwanzig Jahre zuvor von den Awaren zerstörten Metropolie von Salona, dem römischen Zentrum an der dalmatinischen Küste, übertrug. Neue Bistümer wurden damals in Ragusa (Dubrovnik) und in Cattaro (Kotor) im heutigen Montenegro gegründet. Im sogenannten pannonischen Kroatien um Zagreb (Agram) und in Slawonien erfolgte die Christianisierung erst später. Das Bistum von Zagreb zum Beispiel wurde erst 1094 ins Leben gerufen.

An der Adriaküste lag auch die Keimzelle der staatlichen Organisation der Kroaten. Noch im achten Jahrhundert waren sie in sich selbst verwaltende Stammeseinheiten gegliedert, die überregionale Angelegenheiten auf Landtagen berieten und entschieden. Aus diesen Landtagen entwickelte sich allmählich eine zentrale, auf einen Herzog zugeschnittene Gewalt. Der erste kroatische Herzog, der sich König nennen durfte, war Tomislav. Er wurde 923 mit einer Krone gekrönt, die ihm der Kaiser von Byzanz, Romanos Lekapenos, gesandt hatte.

Das war insofern ungewöhnlich, als sich die Kroaten ein Jahrhundert vorher dem fränkischen Kaiserreich unter Karl dem Großen unterworfen hatten und Byzanz später auch auf seine Souveränität über das dalmatinische Kroatien verzichtet hatte.

Aber so wie die Grenzen zwischen den beiden Kaiserreichen auf der Balkanhalbinsel nicht genau festgelegt waren, so überschnitten sich auch die politischen Einflußsphären. Von 923 an kann man aber von einem Königtum Kroatien sprechen, denn nur wenig später sprach auch Papst Johannes X. den »lieben Sohn Tomislav« als »König der Kroaten« an.

Allerdings vollzog sich diese abendländische Orientierung der Kroaten in religiöser Hinsicht nicht ohne Widerstand im Lande. Streitpunkt war die Liturgie, also ob die Messe in Lateinisch oder in der Volkssprache gelesen werden sollte. Zunächst genehmigte Rom die Verbreitung der christlichen Lehre in der altslawischen Sprache, später verlangte der Papst aber, daß der Gottesdienst in Lateinisch abgehalten werde und keine »glagolitischen« Priester geweiht werden sollten. Nur wenn in einer Diözese keine »lateinischen« Priester vorhanden waren, durfte der Gottesdienst in der altslawischen Kirchensprache zelebriert werden. Für einige Bistümer im kroatischen Küstengebiet und auf den Inseln der Kvarner-Bucht gelten solche von den Päpsten verfügten Ausnahmen auch heute noch. Das kroatische Königtum währte jedoch nur knapp zweihundert Jahre. Als die alte kroatische nationale Dynastie Ende des elften Jahrhunderts ausstarb und die kroatischen Anwärter um den Thron kämpften, rief eine Adelspartei den ungarischen König Koloman ins Land. 1102 wurde er in Biograd na moru zum kroatischen König gekrönt, nachdem er mit den Vertretern der kroatischen Stämme einen Pakt über das staatsrechtliche Verhältnis zwischen Kroatien und Ungarn abgeschlossen hatte (*Pacta conventa*). Danach wurden Kroatien und Ungarn zwei durch Personalunion verbundene Königreiche. Kroatien blieb zwar theoretisch ein souveräner Staat mit eigenen Grenzen, eigenem Landtag und eigener Gesetzgebung. Allerdings wurde der Vertreter des ungarischen Königs in Kroatien, der *Ban*, nicht vom Landtag gewählt, sondern vom ungarischen König eingesetzt, was eine Einschränkung der kroatischen Souveränität bedeutete. Und da die Kroatien betreffenden außenpolitischen Entscheidungen von da an vom ungarischen König als dem Träger der Stephanskrone getroffen wurden, schied Kroatien aus dem Kreis der damals im Südosten bestimmenden Mächte aus.

6.

Die Serben im Sog von Byzanz

AUCH DIE CHRISTIANISIERUNG DER SERBISCHEN STÄMME erfolgte zunächst von Rom aus, wenn man Konstantin Porphyrogennetos folgen will. Sie scheint sich in Etappen vollzogen zu haben, unter Kaiser Herakleios I. (610-641), von dem Konstantin ausdrücklich erwähnt, daß dieser »Priester aus Rom herbeiführte und die Serben taufen ließ«. Das klingt nicht unwahrscheinlich, stand doch beinahe der ganze Balkan bis 732 unter der kirchlichen Jurisdiktion Roms.

Dieser ersten Christianisierung folgte jedoch eine zweite unter Kaiser Basileios I. (867–886). Bis dahin hätte die Mehrheit der Serben noch im Heidentum gelebt, heißt es bei Konstantin. Auch sie ging von Rom aus, beziehungsweise von den lateinischen Bistümern von Rascien, wie die serbischen Gebiete damals genannt wurden. Der Erzbischof von Bar hatte damals den Titel Primas der Serben, den er bis auf den heutigen Tag führt.

Aber schon unter Basileios I. wirkten aus Byzanz entsandte Priester bei den serbischen Stämmen, die die religiösen Handlungen nach byzantinischem Ritus in griechischer Sprache vornahmen. Jedenfalls beklagt Papst Johannes VIII. dies in einem Schreiben an einen der serbischen Stammesfürsten.

An die zwei Jahrhunderte lang kämpften Rom und Byzanz um die Serben, mit wechselndem Erfolg. Eine wichtige Etappe in dieser Auseinandersetzung war die Unterwerfung von fast allen serbischen Fürstentümern unter die Herrschaft der bulgarischen Zaren während des Ersten Bulgarischen Reiches im neunten und zehnten Jahrhundert. Diese Herrschaft war mit einer Verbreitung der altslawischen Liturgie verbunden. Als dann zu Beginn des elften Jahrhunderts Byzanz wiedererstarkte, unterstellte Kaiser Basileios II. das Bistum von Rascien dem bulgarisch-orthodoxen Erzbistum von Ohrid.

Aber damit war der Einfluß Roms in den serbischen Gebieten noch nicht eliminiert. Das Fürstentum Dioclea (Duklia) im heutigen Montenegro, um das sich Serben und Kroaten stritten, blieb überwiegend katholisch, auch nachdem Stefan Nemanja alle serbischen Fürstentümer unter seine Herrschaft gebracht hatte. Und sein Sohn Stefan Prvovjenčani, der »Erstgekrönte«, erkannte noch die Oberhoheit Papst Honorius' III. an und ließ sich von ihm die Königskrone verleihen.

Das war 1217, zu einem Zeitpunkt, als die Kreuzfahrer Konstantinopel erobert, dort ihr Königreich errichtet hatten und die byzantinischen Kaiser samt dem Patriarchen nach Nikäa in Kleinasien geflüchtet waren. Das nutzte der Bruder Stefans, Rastko, der spätere Nationalheilige der Serben, genannt Sava, dazu aus, vom Patriarchen von Konstantinopel die Anerkennung eines unabhängigen serbischen Erzbistums zu erwirken, aus dem später ein autokephales Patriarchat wurde. Damit waren die Würfel gefallen: Die Serben gehörten von nun an endgültig der Ostkirche an.

7

Die Sonderstellung Bosniens

HAT KRLEŽAS RAD DER GESCHICHTE ABER SERBEN UND Kroaten fein säuberlich voneinander getrennt? Im Gegenteil, zwischen diesen beiden Völkern und ihren Staaten bildete sich im Mittelalter ein Staatsgefüge heraus, das als Bosnien bezeichnet wurde. Später, nachdem es sich in südlicher Richtung ausgedehnt hatte, erhielt es den Namen Bosnien-Herzegowina.

Auf die Frage nach einem bosnischen Volk, das sich deutlich von Kroaten und Serben unterscheidet, geben kroatische und serbische Historiker auch heute noch verschiedene Antworten. Eine der frühesten Erwähnungen Bosniens findet sich bei Johannes Kinnamos, dem Chronisten des byzantinischen Kaisers Manuel I. Komnenos in der zweiten Hälfte des 12. Jahrhunderts. Dieser schreibt, daß die Drina Bosnien von serbischen Landen trenne. Es gehöre auch nicht zu letzteren, sondern sei »ein Volk für sich; ein anderes Volk, das auf seine Weise lebt und sich selbst verwaltet«.

Für die Kroaten ist dieses »andere Volk« das kroatische Volk, die Serben betonen hingegen, daß die Herrschaftsgebiete im Hochmittelalter nichts über den ethnischen Charakter der Bevölkerung aussagen und daß Bosnien außer von kroatischen auch von serbischen Stämmen besiedelt worden sei.

Wie dem auch sei, das Gebiet von Bosnien-Herzegowina im Herzen des Balkan, abseits der großen Handels- und Heerstraßen, führte schon früh eine Sonderexistenz in staatlicher Hinsicht und was seine Bevölkerung betrifft. Im frühen Mittelalter in seinen Grenzen noch nicht eindeutig festgelegt, gehörte es im wesentlichen zum kroatischen Königtum.

Nachdem die Kroaten 1102 unter ungarische Oberhoheit kamen, folgten die Bosnier 1138. Auch sie wurden von da an von einem *Ban* als Vertreter des ungarischen Königs regiert, waren aber sonst, wie Kroatien auch, intern weitgehend selbständig. Da die Serben die Institution des *Ban* nicht kennen, vertreten die Kroaten die These, daß Bosnien damals zum kroatischen Herrschaftsbereich gehört habe. Seine besondere Staatlichkeit habe es erst später entwickelt.

Was Bosnien in religiöser Hinsicht von den kroatischen wie den serbischen Landen unterschied, war der starke Einfluß einer Sekte: der Bogumilen. Diese Bewegung geht angeblich auf einen historisch nicht belegbaren bulgarischen Popen namens Bogumil zurück. Charakteristisch für sie ist die Ablehnung der materiellen Welt als das Werk des Satans und somit auch die Ablehnung der organisierten Kirche, des Priestertums und der Ehe. Die größte Verbreitung fand die Sekte zunächst im Großbulgarischen Reich und im Reich von Byzanz, wo die Zaren und Kaiser sie blutig unterdrückten.

Den Höhepunkt seiner politischen Selbständigkeit und seiner Ausdehnung erreichte Bosnien Mitte des 14. Jahrhunderts vor der Eroberung durch die Türken 1462. Während die Macht Serbiens zerfiel und Kroatien von Erbfolgekriegen erschüttert wurde, krönte sich der *Ban* Tvrtko I. 1377 selbst zum König. Da es keine bosnische Königskrone gab, setzte er sich am Grabe des serbischen Nationalheiligen Sava im Kloster Mileševo die serbische Königskrone aufs Haupt.

Trotz der Eroberung durch die Türken blieb aber die Sonderstellung Bosniens erhalten. Aus bisher unerklärten Gründen traten nicht nur der bogumilische Adel, sondern auch einfache Bogumilen massenweise zum Islam über. Das hatte zur Folge, daß sich die islamisierten Einwohner Bosniens soziale und materielle Privilegien sicherten und daß Bosnien auch im Osmanischen Reich eine Sonderstellung erhielt, die bis zur Okkupation durch Österreich-Ungarn 1878 währte. In

Bosnien und der Herzegowina gab es auch in der Militär-
und Beamtenkaste kaum Türken, sie wurden von bosnischen
Muslimen, also islamisierten Slawen, gestellt. Diese unterschieden sich nicht nur im Glauben von der übrigen katholischen (kroatischen) oder orthodoxen (serbischen) Bevölkerung, sie entwickelten auch im Laufe der Jahrhunderte eine
eigene Zivilisation.

Im königlichen Jugoslawien, zwischen 1918 und 1941, war
Bosnien-Herzegowina keine eigene Verwaltungseinheit, das
Land war vielmehr auf verschiedene Regierungsbezirke aufgeteilt. Die Muslime spielten politisch keine besondere Rolle.
Als die kommunistischen Tito-Partisanen nach dem Zweiten
Weltkrieg an die Macht kamen, machten sie Bosnien-Herzegowina zu einer der sechs jugoslawischen Teilrepubliken,
und zwar in den Grenzen, wie sie 1878 vom Berliner Kongreß
für das Land gezogen worden waren. Damit wurde der
historischen Sonderstellung dieses Landes in der staatlichen
Struktur Jugoslawiens Rechnung getragen.

Wie aber sollte man die Besonderheit der Muslime
berücksichtigen, nachdem es nicht zu bestreiten war, daß sie
sich nicht nur durch die Religion, sondern auch durch Le-
bensweise und Kultur von der übrigen bosnischen Bevölkerung unterschieden? Nach langen innerparteilichen Auseinandersetzungen in der KPJ erklärte sie das Regime in den
sechziger Jahren zu einer »Nation«. Es war ein einmaliger
Vorgang, daß eine Bevölkerungsgruppe unter der Bezeichnung ihres religiösen Bekenntnisses zu einer ethnischen
Gruppe erklärt wurde, und das auch noch unter einem kommunistischen Regime. Bosnien-Herzegowina wurde dadurch
zu einem Vielvölkerstaat, wie Jugoslawien selbst: Seine
Bevölkerung bestand aus drei staatstragenden Nationen,
Muslimen (43,7%), Serben (31,4%) und Kroaten (17,3%).

Der Begriff der »Bosnjaken«, wie er unter der österreichisch-ungarischen Herrschaft für die Bewohner Bosnien-

Herzegowinas insgesamt gebraucht worden war, wurde unter der Herrschaft der Kommunisten nicht verwendet. Die Aufteilung in drei Nationen sollte einen Streit der Serben und Kroaten um die nationale Zugehörigkeit der Muslime verhindern. Diese Politik erlitt nach dem Zusammenbruch des kommunistischen Jugoslawien Schiffbruch. Nachdem ein drittes Jugoslawien nicht geschaffen werden konnte, Slowenien, Kroatien und Mazedonien ihre Unabhängigkeit erklärt hatten, entfesselten die Serben einen Krieg, um Bosnien-Herzegowina, das international als unabhängiger Staat anerkannt worden war, auseinanderzusprengen und die von Serben besiedelten Gebiete »ethnisch gesäubert« einem Groß-Serbien anzugliedern.

Die Serben – Gottes Volk

WENN SICH DIE SERBEN AUCH HEUTE NOCH, ODER WIEDER,
als *nebeski narod* bezeichnen – eine Charakterisierung, die
sich nur unvollkommen mit »Volk des Himmels« oder
»himmlisches Volk« übersetzen läßt, die aber die Vorstellung
des Auserwähltseins enthält – , dann geht dies also auf den
Kosovo-Mythos zurück.

Am stärksten hat dieses Gefühl eines Sonderschicksals in
der Rede Ausdruck gefunden, die Radovan Karadžić, Führer
der bosnischen Serben, zum orthodoxen Weihnachtsfest
1993/94 vor dem sogenannten Parlament seiner »Serbischen
Republik« (in Bosnien) gehalten hat: »600 Jahre«, so sagte er,
»leben die Serben von der Erinnerung an den einstigen
Ruhm und die vergangene Größe und pflegen die Wunden,
die dem Volk der Untergang des Serbischen Reiches geschla-
gen hat. Ebenso lang halten die Bemühungen an, die verschiedenen Spaltungen und Teilungen zu überwinden, die
die Sklavenexistenz unter verschiedenen Tyranneien für uns
zur Folge hatte. Obwohl wir einstmals das führende Volk
waren, hat die Unterjochung dazu geführt, daß wir hinter den
anderen europäischen Nationen zurückgeblieben sind. Wir
haben uns bei der Herausbildung des Staates und der Nation
verspätet, aber wir sind in allem führend geblieben, was aus
dem Leiden und dem Erdulden, dem Geist und dem Edel-
mut uns zugewachsen ist, die uns die Lehre Christi vermittelt
hat ... Serbien ist ein Weltwunder, Serbien ist Vorbild für
Länder und Nationen, Serbien ist Gotteswerk, es ist der Fels,
an dem Imperien, Weltordnungen und -unordnungen zer-

brechen. Indem Serbien besteht, ist Serbien groß. Seine Größe mißt sich an dem Haß seiner Feinde, sein Glanz entspricht der Menge des Schmutzes, mit dem unsere Feinde vergeblich versuchen, diesen Glanz zu verdunkeln. Unser Ziel ist die Vereinigung mit Serbien. Das ist unser Recht, so wie es das Recht des Vogels ist zu fliegen, oder der Blume, zu duften und sich mit Farben zu schmücken.«

Wenn Karadžić so von seiner Nation spricht, dann ist ihr Weg durch die Geschichte durch das Prisma des Kosovo-Mythos gesehen. Dieser enthält aber noch andere Komponenten, die seither in der Geschichte der Serben immer wieder aufs neue eine Rolle spielen. Da sind zum Beispiel das Thema der Uneinigkeit im Lager der Serben und des Verrates, die für die Niederlagen verantwortlich gemacht werden. Mit dem Verrat in der Schlacht vom Kosovo wird vor allem Vuk Branković belastet, der Fürst, zu dessen Herrschaftsgebiet damals das Kosovo gehörte. Er habe Zar Lazar im Stich gelassen, heißt es in der Legende. Mit dem Ablauf der Schlacht stimmt das aber, so weit überhaupt bekannt, nicht überein. Vuk Branković, der mit seinen Rittern am rechten Flügel stand, löste sich erst aus der Schlacht, als die im Zentrum kämpfende Truppe unter der Führung von Lazar vernichtet und der Fürst gefangengenommen worden war. In der Geschichtsschreibung ist Vuk Branković längst Gerechtigkeit widerfahren; in der Überlieferung des Volkes ist sein Name noch immer ein Synonym für Verrat. Und im »Testament vom Kosovo« wird er dem Verräter Christi, Judas, gleichgestellt, so wie das Mahl des Fürsten Lazar und seiner Ritter am Vorabend der Schlacht mit dem letzten Abendmahl Christi verglichen wird.

Historiker und Soziologen der jüngeren Generation in Serbien befassen sich immer wieder mit der erstaunlichen Erscheinung, daß in Serbien »die Legende glaubwürdiger ist als die Tatsachen«, wie Vida Ognjenović es ausdrückt. »Deshalb lernt man Geschichte hauptsächlich aus der Literatur, und von dieser erwartet oder verlangt man sogar, daß sie historische Fehler ausbessert. Die Literatur ist nach unserem volkstümlichen Verständnis nichts anderes als eine Retouche der Geschichte.«

Es komme gar nicht so selten vor, daß auch ein Hochgebildeter erklärt, er habe seine Geschichtskenntnisse aus der Literatur gelernt, über den Ersten Weltkrieg das meiste aus den Romanen von Dobrica Ćosić erfahren und über Napoleon aus Tolstois *Krieg und Frieden.* »Die Notwendigkeit einer nuancierten Unterscheidung von Fakten und Fiktion wird in unserer kulturellen Kommunikation sowohl von schlechten Historikern als auch von primitiven Schriftstellern ignoriert«, meint er außerdem.

Für den Literaturprofessor an der Belgrader Universität Vladetta Janković geht die Mythomanie seines Volkes auf ein politisches Defizit zurück. »Je niedriger das Bildungsniveau ist«, so schreibt er, »desto empfänglicher ist man für mythische Inhalte in der Politik.«

Die serbisch-orthodoxe Kirche

GRÖSSE UND VERHÄNGNIS

ÜBER DIE SERBEN, DAS SERBENTUM UND SERBIEN zu schreiben und die serbisch-orthodoxe Kirche nur als eine religiöse Institution zu erwähnen, wäre völlig verfehlt. Die serbisch-orthodoxe Kirche hat sich durch die Jahrhunderte in erster Line als eine nationale Institution empfunden und entsprechend hat sie auch gehandelt, nicht immer zum Wohle der Nation. Wie in kaum einem anderen Lande Ost- und Südosteuropas fand in Serbien eine Identifikation von Kirche und Nation statt. »Mit der Schaffung und Organisierung der serbischen nationalen Kirche«, so schreibt Joko Slijepčević in seinem Werk zur *Geschichte der serbisch-orthodoxen Kirche*, »ist der Heilige Sava in Wahrheit der Gründer der serbischen Nation.«

Dabei ist es fast ein Treppenwitz der Weltgeschichte oder zumindest der südosteuropäischen Historie, daß die Gründung einer unabhängigen serbisch-orthodoxen Kirche zu einem Zeitpunkt erfolgte, als man es am wenigsten erwarten konnte. 1204 hatten die Kreuzfahrer und die Venezianer, die »Lateiner« also, Konstantinopel, die strahlende Hauptstadt des Tausendjährigen Byzantinischen Reiches erobert und dort ihr »lateinisches Kaiserreich« errichtet. Der griechische Kaiser und der Patriarch der griechisch-orthodoxen Kirche waren nach Nikäa in Kleinasien geflohen.

Dorthin begab sich 1219 der serbische Königssohn Rastko, besser bekannt unter seinem kirchlichen Namen Sava, und erlangte vom Patriarchen wie vom Kaiser die Anerkennung der nationalen Selbständigkeit der serbisch-orthodoxen Kirche.

Das war in zweifacher Hinsicht ein bedeutendes Ereignis in der Geschichte der Serben: Indem Staat und Kirche praktisch ident wurden, wurde eine religiöse Spaltung der Nation verhindert. Denn zur Zeit der Herrschaft des Bruders des Heiligen Sava, König Stefan des Erstgekrönten, standen die westlichen serbischen Länder noch unter dem Einfluß der katholischen Erzdiözese von Bar, dessen Oberhaupt auch den Titel »Primas der Serben« trug und auch heute noch trägt. Und indem die serbisch-orthodoxe Kirche der Jurisdiktion des griechischen Erzbistums von Ohrid entzogen wurde, wurde die Grundlage zur Bildung einer nationalserbischen Hierarchie geschaffen.

Ihre volle Bedeutung für die Nation gewann die serbisch-orthodoxe Kirche dann unter der osmanischen Herrschaft. Nach der Schlacht auf dem Amselfeld, die 1389 das Ende eines unabhängigen serbischen Feudalstaates brachte, besonders aber nach dem Untergang des letzten serbischen Vasallenstaates Smederevo 1459 verfiel praktisch das serbische Patriarchat von Peć, ohne daß es formell aufgehoben wurde. Die serbisch-orthodoxe Kirche geriet erneut unter die Jurisdiktion von Ohrid, was eine neuerliche Vorherrschaft der griechischen Hierarchie bedeutete. 1557 aber erweckte die Hohe Pforte das Patriarchat von Peć zu neuem Leben und stellte damit die Unabhängigkeit der serbisch-orthodoxen Kirche wieder her. Und so gab es, wie es damals hieß, in Serbien wieder »eine Herde und einen Hirten«.

Da sich die Türken in innerkirchliche Angelegenheiten ihrer christlichen Untertanen, der »Raja«, nicht einzumischen pflegten, dürften es politische Gründe gewesen sein, die Sultan Suleiman den Prächtigen und seinen Großwesir Mehmet Sokolović bewogen, das serbische Patriarchat zu erneuern. Es erstreckte sich vom heutigen Mazedonien bis nach Nordungarn und von der Adria bis ins heutige Bulgarien. Der Sultan sah im Patriarchen das Oberhaupt des serbischen Volkes, das er für den Gehorsam dieser Untertanen verantwortlich machen konnte. Die orthodoxe Kirche hatte für die Ablieferung der Steuern an die türkische Obrigkeit Sorge zu tragen, ihr oblag aber auch die Gerichtsbarkeit in Zivilstreitigkeiten der christlichen Bevölkerung. Mit anderen Worten: Der Kirche war ein Teil der Staatsfunktionen übertragen worden, sie war in Wahrheit ein Staat im Staat. Und nahm damit für sich in Anspruch, die Kontinuität eines serbischen Staates aufrechtzuerhalten. Deshalb meinen auch viele serbische Historiker: Im Gegensatz zu den weltlichen Führern sei es dem Patriarchen von Peć gelungen, die Einheit der Serben zu verwirklichen.

Ob bei der Erneuerung des serbischen Patriarchates auch familienpolitische Erwägungen in Istanbul mit im Spiele waren, ist eine offene Frage. Immerhin stammte Mehmet Sokolović aus einer serbischen Familie in Bosnien und war erst im Zuge der Knabenlese, eines muslimischen Brauchs, christliche Knaben als eine Art Steuer auszuheben, nach Istanbul gekommen und zum Islam übergetreten. Und das erste Oberhaupt des erneuerten Patriarchates war niemand anderer als sein Bruder Makarije, der bei seinem christlichen Glauben geblieben war.

Der serbische Historiker und Ethnograph Jovan Cvijić hat schon für die Zeit nach der Schlacht auf dem Amselfeld festgestellt, daß Orthodoxie und serbisches Nationalbewußtsein gegen Ende des 15. Jahrhunderts völlig verschmolzen. »Der orthodoxe Glaube hat dabei seinen dogmatischen und kirchlichen Charakter praktisch verloren und hat immer mehr einen ethnischen Zug angenommen, so daß eine ›serbische‹ Kirche entstand. Sie wurde zum wesentlichen Bestandteil des nationalen Geistes.«

Von der Erneuerung des Patriarchates von Peć an, fand eine weitere Annäherung von Kirche und Volk statt. »Es übertreiben diejenigen nicht, die behaupten, daß die Nation die

Erneuerung des Patriarchates von Peć als eine teilweise Auferstehung des eingebüßten Staates erlebt hat; in den Patriarchen und Bischöfen begann die Nation die Nachfolger der verschwundenen Herrscher und Fürsten zu sehen. Noch mehr als zu Zeiten der Nemanjiden (die Gründerdynastie des serbischen Reiches im Mittelalter) schart sich das Volk um die Kirchen und Klöster, und die Geistlichkeit tritt immer stärker an die Spitze der Nation. In dem Umfeld, in dem sie lebte und arbeitete, konnte nur sie lesen und schreiben und dem Volk die alten Bücher vermitteln, und die ›glorreiche Vergangenheit‹ heraufbeschwören, an der man sich aufrichten wollte«, heißt es bei Cvijić.

Zweihundert Jahre lang bestand das Patriarchat von Peć, 1766 hoben es die Türken auf. Zu diesem Zeitpunkt aber war die serbisch-orthodoxe Kirche schon geteilt. Nach dem Exodus des Patriarchen Arsenije III. Crnojević 1690 mit über 30.000 Familien und vielen Geistlichen aus Südserbien über Save und Donau auf österreichisches Gebiet – der Patriarch folgte den sich zurückziehenden habsburgischen Truppen, die im Krieg gegen die Türken bis ins heutige Mazedonien vorgedrungen waren – existierte das Patriarchat von Peć zwar noch 76 Jahre weiter, es hatte aber nicht mehr die alte Autorität. Diese ging im Laufe der Zeit auf den Metropoliten von Karlovci in der heutigen Vojvodina über, obwohl sich nur neun Eparchien (Diözesen) auf dem Gebiet der Habsburger-Monarchie befanden, während zwölf im Bereich der europäischen Türkei lagen.

Die serbisch-orthodoxe Kirche in der Donaumonarchie war als Patriarchat organisiert, obwohl einige der Metropoliten von Karlovci nur persönlich den Titel eines Patriarchen trugen. Sie blieb aber serbisch-national, obwohl sie unter starkem Druck von katholischer Seite stand. Sie sollte sich dem Papst unterstellen und bei Beibehaltung ihrer Liturgie als serbisch-unierte Kirche weiterbestehen

Im letzten Jahrhundert unter türkischer Herrschaft sollte die serbische Kirche wieder einmal von griechischen Geistlichen durchsetzt werden. Das nahm erst ein Ende, als 1830 die Hohe Pforte dem Fürsten in Serbien einen autonomen Status zuerkannte und der Patriarch von Konstantinopel der serbischen Kirche ebenfalls die Autonomie zubilligte.

Während der beiden serbischen Aufstände gegen die türkische Herrschaft in den ersten Jahrzehnten des 19. Jahrhunderts spielte der Metropolit von Karlovci eine bedeutende Rolle. Über ihn liefen die Verbindungen von Djordje Karadjordjević, wie von Miloš Obrenović zum Hof in Wien und umgekehrt. An der Spitze der Metropolie stand damals Jovan Stratimirović, einer der bedeutendsten serbischen Kirchenführer der Neuzeit.

Stratimirović war allerdings ein konservativer Geist und widersetzte sich den aufklärerischen Tendenzen eines Dositej Obradović ebenso wie den sprachlichen und literarischen Reformen Vuk Karadžićs. Er bezeichnete sie als revolutionär and antikirchlich. Er stand unter dem starken Einfluß der russisch-orthodoxen Kirche und wollte an der alt-slawischen Kirchensprache wie an den russischen kyrillischen Buchstaben festhalten. Karadžićs Übersetzung des Neuen Testaments in die serbische Volkssprache lehnte er entschieden ab.

Nach der Entstehung Jugoslawiens in der Folge des Ersten Weltkrieges wurde die Einheit aller orthodoxen Diözesen einschließlich derer in den ehemaligen habsburgischen Landesteilen wiederhergestellt. Es entstand ein neues serbisches Patriarchat, und der neue Patriarch wurde 1924 feierlich in Peć inthronisiert.

Die serbisch-orthodoxe Kirche stand aber vor einer für sie völlig neuen Situation: Sie befand sich jetzt innerhalb eines multinationalen und multikonfessionellen Staates, der verpflichtet war, allen Konfessionen die Glaubensfreiheit zu garantieren. In seiner Proklamation vom 6. Januar 1919 hob der Regent und spätere König Alexander die »bevorzugte« Stellung der serbisch-orthodoxen Kirche im Staate auf und verkündete die Gleichberechtigung aller religiösen Gemeinschaften. (Es gab damals im Königreich der Serben, Kroaten und Slowenen, dem späteren Jugoslawien, 46,6% Orthodoxe, 39,4% Katholiken, 11% Muslime, 1,8% Protestanten, 0,5% Prozent Juden und 0,2% andere.)

Da aber die Serben mit ihrem Königshaus den neuen Staat beherrschten, konnte die serbisch-orthodoxe Kirche ihren großen politischen Einfluß und ihre bevorzugte Stellung bewahren. Das zeigte sich deutlich beim ersten großen Konflikt zwischen Kirche und Staat in bezug auf das Konkordat mit dem Vatikan in der zweiten Hälfte der dreißiger Jahre. Ministerpräsident Milan Stojadinović wollte das vor seiner Amtsübernahme ausgehandelte Konkordat über die Stellung der römisch-katholischen Kirche in Jugoslawien – er hatte es mit Wissen und ohne Einspruch des Patriarchen Varnava paraphieren lassen – dem Parlament zur Ratifizierung vorlegen. Plötzlich erhob sich in der orthodoxen Kirche ein Sturm gegen das Konkordat und gegen die Regierung. Die Bischofskonferenz, Führungsorgan der orthodoxen Kirche, verkündete, daß das Konkordat die Stellung der orthodoxen Kirche im Staat »wesentlich und in ungünstiger Weise« verändere und damit auch für die Interessen des Staates schädlich sei. Es verletze den Grundsatz der Gleichstellung der religiösen Gemeinschaften und räume der römisch-katholischen Kirche die Stellung einer vorherrschenden Staatskirche ein. In einer für die Öffentlichkeit bestimmten Erklärung wandte sich die Bischofskonferenz »an ihr orthodoxes Volk« und rief es auf, »zu seinem heiligen orthodoxen Glauben zu stehen und der nationalen Kirche des Heiligen Sava in Ergebenheit beizustehen«.

Stojadinović war bereit, der orthodoxen Kirche insofern entgegenzukommen, als er dem Gesetz einen Artikel anfügte,

demnach alle im Konkordat der katholischen Kirche einge-
räumten Rechte auch für alle anderen anerkannten Glau-
bensgemeinschaften gelten sollten. Das half ebensowenig wie
der persönliche Auftritt Stojadinovićs vor der Bischofskonferenz, deren Mitglieder seine Ausführungen, wie er später in
seinen Memoiren schrieb, »in eisiger Stille« anhörten.

Die orthodoxe Kirche war entschlossen, das Konkordat zu-
nichte zu machen und organisierte in Belgrad eine Prozession, bei der es zwangsläufig zu Zusammenstößen mit der
Polizei kommen mußte. Der Konflikt zwischen Kirche und
Regierung spitzte sich weiter zu, als Patriarch Varnava starb
und sich das Gerücht verbreitete, er sei vergiftet worden.
Zwar stimmte die Nationalversammlung mit 172 von 293
Stimmen für das Konkordat, da aber die Kirche daraufhin alle
Minister und Abgeordneten, die sich dafür ausgesprochen
hatten, exkommunizierte, sah sich Stojadinović gezwungen,
es zurückzuziehen. Die orthodoxe Kirche war in diesem Kon-
flikt klarer Sieger geblieben.

Vier Jahre später, im März 1941, intervenierte die serbische
Kirche beziehungsweise ihre Führung erneut gegen die Regierung. Diesmal mit katastrophalen Folgen für ganz Jugoslawien und nicht zuletzt auch für die Kirche.

Es ging um den von Hitler erzwungenen Beitritt Jugoslawiens zum Dreimächtepakt. Prinzregent Paul und die Regierung Cvetković hatten Hitler das Versprechen abgerungen,
die territoriale Integrität Jugoslawiens zu respektieren, Jugoslawien nicht zu zwingen, auf seiten der Achsenmächte am
Krieg teilzunehmen, und auch keine Truppen oder Kriegs-
material derselben durch Jugoslawien zu transportieren.

Zwei Tage nach Unterzeichnung des Beitrittes Jugoslawiens zum Dreimächtepakt durch Ministerpräsident Cvetković und Außenminister Cincar-Marković im Schloß Belve-
dere in Wien wurden Prinzregent Paul samt der Regierung
durch einen Putsch der Generäle gestürzt, der 17jährige

Thronfolger Peter für großjährig erklärt und auf den Thron gesetzt. In den Straßen Belgrads grölte die Menge am 27. März den verhängnisvollen Slogan: *Bolje rat nego pakt* – lieber den Krieg als den Pakt.

Daß die Fäden dieses beinahe klassischen balkanischen Generalsputsches hauptsächlich der britische Geheimdienst gezogen hatte, ist heute hinlänglich bekannt. Daß aber auch die serbisch-orthodoxe Kirche mit dem Patriarchen Gavrilo an der Spitze dahinterstand, ist der Nachwelt bisher weitgehend vorenthalten geblieben.

Als Mitglied des Kronrates sprach sich der Patriarch gegenüber dem Prinzregenten Paul gegen den Beitritt zum Dreimächtepakt aus. Nach dem Zeugnis eines hohen Beamten der Krone soll Gavrilo dem Prinzregenten gesagt haben: »Die Kirche sieht in dem Beitritt zum Pakt die Gefahr der Versklavung. Alle unsere Traditionen sind in Gefahr und unsere nationalen Gefühle sind verletzt. Der Serbe will kein Sklave sein. Unter der Führung ihrer Popen haben die Serben gegen die Türken gekämpft und ihren Staat gegründet. Auch heute, da wir wieder in Gefahr sind, muß die Kirche die sein, die vorausgeht.«

Patriarch Gavrilo hat ohne Zweifel von dem für den 27. März geplanten Putsch der Generäle gewußt, denn er hat ein Zusammentreffen mit Cvetković und Cincar-Marković, dem er für den Abend des 26. März schon zugestimmt hatte, in letzter Minute wieder abgesagt. Für den 27. März aber hatte er bereits die Bischofssynode einberufen, die einstimmig den Putsch begrüßte und den Patriarchen beauftragte, sich über den Rundfunk an das Volk zu wenden. In dem später nur zum Teil veröffentlichten Aufruf heißt es mit kirchlich-nationalem Pathos, die Nation sei wieder einmal vor die Frage gestellt, für welches Reich sie sich entscheiden wolle. »Heute früh im Morgengrauen (des Putschtages) ist darauf die Antwort gegeben worden: Wir haben uns dem Himmlischen

Reich zugewendet, das heißt dem Reich Gottes, der Wahrheit und der Gerechtigkeit, der nationalen Einheit und Freiheit. Dieses ewige Ideal, getragen im Herzen aller wahren Serben und Serbinnen, bewahrt und am Glühen erhalten in den heiligen Räumen unserer orthodoxen Kirche und festgeschrieben auf unseren nationalen Fahnen des Kreuzes, erstrahlte heute morgen stark wie die Sonne, gereinigt von dem Staub der Schande. Die Vorsehung hat uns auf den rechten Weg gebracht, den der Heilige Sava dem serbischen Volk gewiesen hat. Der Gott der Wahrheit, der uns bisher vor dem Untergang bewahrt hat, hat die Stimme unseres Gebetes gehört und uns neuerlich von Irrwegen und dem Verlassen unseres unveränderlich historischen Weges abgehalten ...«

Soweit Patriarch Gavrilo zum Putsch vom 27. März 1941. Zunächst aber hat dieser Putsch in seiner Leichtfertigkeit die Völker Jugoslawiens in einen Krieg gestürzt, der 1,7 Millionen Tote forderte, die Zerstörung Tausender Städte und Dörfer brachte und schließlich die unbarmherzige Herrschaft des Kommunismus herbeiführte, unter der nicht zuletzt auch die serbisch-orthodoxe Kirche und die von ihr abhängigen Organisationen zu leiden hatten.

In den fünfundvierzig Jahren des kommunistischen Regimes wurde sie gesellschaftspolitisch an den Rand des jugoslawischen Staates gedrängt. Dieser erklärte die Religion und das Verhältnis zur jeweiligen Kirche zur Privatsache des einzelnen Staatsbürgers und beschränkte den Einfluß der Kirche ausschließlich auf den religiös-liturgischen Bereich. Für die serbisch-orthodoxe Kirche, die sich bis dahin als Sprecher der Nation gesehen hatte, war dies eine Beschneidung ihrer, wie sie meinte, historischen Aufgabe, die gravierender nicht hätte sein können. Aber sie mußte sich in ihr Schicksal fügen.

Die Beschränkung ihrer Tätigkeit in der Öffentlichkeit versuchte sie allerdings durch eine verstärkte Pflege der traditionellen religiösen Rituale in den Familien zu kompensieren.

Bei der *slava*, der Feier des Hausheiligen, war der Pope nicht wegzudenken, und eine kirchliche Trauung wurde zeitweise zur Demonstration einer gewissen Opposition gegen das Regime oder einfach zur serbisch-nationalen Mode.

Beim Zusammenbruch des kommunistischen Regimes Ende der achtziger Jahre versuchte sie mit voller Verve, ihre alten Positionen zurückzugewinnen. Die Welle des Nationalismus bei den Serben und die Wiedererweckung der serbischen Frage durch den Zerfall Jugoslawiens boten ihr dafür ein weites Feld.

Den Konflikt um das Kosovo, die Autonomiebestrebungen der dort lebenden Albaner und das Herannahen der 600-Jahr-Feier der Schlacht auf dem Amselfeld nahm die orthodoxen Kirche zum Anlaß, sich patriotisch zu manifestieren. Im Laufe des Jahres 1988 wurden die sterblichen Überreste des Fürsten Lazar, der in der Schicksalsschlacht auf dem Amselfeld sein Leben verloren hatte, in einer feierlichen Prozession vom Kloster Ravanica über die orthodoxen Diözesen der Šumadija, Ost-Bosniens und Alt-Serbiens zum Kloster Gračanica im Kosovo gebracht, wo sie bis zur großen 600-Jahr-Feier am 28. Juni 1989 blieben.

Bei diesem fast mittelalterlich anmutenden Spektakel um den toten Fürsten taucht auch wieder der Begriff der *»nebeska Srbija«*, des himmlischen Serbien auf, wie er aus den Mythen um diese Schlacht entstanden ist. Serbien als Land Gottes, die Serben als Volk Gottes – aus dieser national-religiösen Vorstellungswelt heraus wird auch noch Radovan Karadžić seinen Kampf gegen die »Türken«, das heißt die Muslime, die Bosnien angeblich zu einem islamischen Staat machen wollen, rechtfertigen.

Schon ab der Mitte der achtziger Jahre bemühte sich die orthodoxe Kirche, schrittweise einen neuen Platz im Bewußtsein der serbischen Nation zu erobern. In ihren Publikationen erwähnte sie immer wieder den »Genozid« der kroatischen

Ustaschas an den Serben in der Krajina und in Bosnien-Herzegowina während des Zweiten Weltkriegs, wobei aber durchklang, die Serben dieser Regionen seien auch heute wieder bedroht.

In einem Brief an den damaligen Vermittler im Jugoslawien-Konflikt, Lord Carrington, hat der Patriarch der orthodoxen Kirche, Pavle, offen betont, daß die Serben angesichts ihrer Erfahrungen der Vergangenheit und der aktuellen Entwicklungen nicht in einem selbständigen Kroatien bleiben könnten, sondern mit Serbien und allen serbischen Krajinas unter ein Dach kommen müßten. »Es ist Zeit zu begreifen, daß die Opfer des Genozids und ihre damaligen und vielleicht auch künftigen Verfolger nicht zusammen leben können«, heißt es in dem Brief zur Jahreswende 1991/92.

Den Krieg in Bosnien-Herzegowina führten die Serben, so verkündete die orthodoxe Kirche, nur zu ihrer Verteidigung. Das offizielle Sprachrohr des Patriarchates *Pravoslavlje* erklärte zu Beginn der Kämpfe in Bosnien im Frühjahr 1992, die Serben in Bosnien wollten nicht in einer *djamahirija*, einer rechtgläubigen Gemeinschaft der Muslime, leben und unter der Herrschaft von Mujahedins den gleichen Status haben wie die Christen in den moslemischen Ländern, das heißt den von Sklaven, was sie schon zur Zeit der fünf Jahrhunderte dauernden islamischen Okkupation erlebt hätten.

Später dehnte die Presse der orthodoxen Kirche die These von der Bedrohung der Serben auf den gesamten Westen aus, wobei jetzt »Italien, Österreich und Deutschland als Gefolgsleute des Papstes die führende Rolle spielten«.

In ihren öffentlichen Stellungnahmen wandte sich die orthodoxe Kirche auch gegen die Aufrechterhaltung der Republiksgrenzen, wie sie im Tito-Jugoslawien gezogen und von den internationalen Gemeinschaften übernommen worden waren, und forderte das Selbstbestimmungsrecht für die Serben Bosnien-Herzegowinas. In dem Streit zwischen

Milošević und Karadžić um Annahme oder Ablehnung zuerst des Vance-Owen-Planes, später des Friedensplanes der Kontakt-Gruppe, stellte sich die orthodoxe Kirchenführung auf die Seite Karadžićs und seiner Politik der Ablehnung. Sie bestärkte auch die Führung der Krajina-Serben in der Zurückweisung der Gespräche mit der kroatischen Regierung in Zagreb. Ihr politisches Ziel war und blieb die Vereinigung aller Serben in einem Staat.

10

Die Väter des neuen Serbien: Djordje Karadjordje und Miloš Obrenović

DER AUFSTAND DER SERBEN GEGEN DIE TÜRKISCHE Herrschaft, von Leopold von Ranke als eines der wichtigsten Ereignisse in Europa in der ersten Hälfte des 19. Jahrhunderts bezeichnet, ist mit zwei Persönlichkeiten verbunden, wie sie gegensätzlicher kaum denkbar sind: Djordje Petrović und Miloš Obrenović. Djordje Petrović, von den Türken wegen seiner dunklen Hautfarbe Karadjordje, der »Schwarze Georg« genannt, führte die serbischen Bauern der Šumadija, des »Waldlandes« südlich von Belgrad, 1804 in den Ersten Serbischen Aufstand und legte damit den Grundstein zu Serbiens Selbständigkeit nach beinahe 400 Jahren türkischer Herrschaft. Miloš Obrenović, wie Karadjordje aus einer Bauernfamilie der Šumadija stammend, stand an der Spitze des Zweiten Aufstandes der Serben 1815. Aber seine Verdienste waren weniger militärischer als politischer Natur. Durch seine diplomatische Wendigkeit gelang es ihm, die Autonomie der Serben unter der Oberhoheit der Hohen Pforte schrittweise zu erweitern. Karadjordje war in erster Linie ein Revolutionär, der seine politischen Ziele mit militärischen Mitteln zu erreichen versuchte; Miloš Obrenović war mit allen Fasern ein balkanischer Machtmensch, legte aber gleichzeitig gegenüber den türkischen Paschas und Wesiren ein Verhandlungsgeschick an den Tag, das nicht nur seiner persönlichen Stellung, sondern auch den Autonomiebestrebungen des serbischen Volkes zugute kam.

Die persönlichen und politischen Gegensätze zwischen Karadjordje und Miloš Obrenović waren unüberbrückbar: Einer von ihnen mußte von der politischen Bühne verschwinden. Es war Karadjordje, der bei seiner geheimen Rückkehr nach Serbien aus der Internierung in Rußland das Opfer eines Mordanschlages wurde. Es steht für Historiker so gut wie fest, daß Miloš Obrenović den Mord angeordnet hatte. Ein beinahe hundert Jahre währender blutiger Machtkampf zweier Dynastien nahm somit seinen Anfang, der erst 1903 mit der Ermordung König Alexanders und der Auslöschung der Obrenović-Dynastie seinen grausigen Abschluß fand.

Karadjordjes Geburtsdatum steht nicht fest, die Angaben schwanken zwischen 1762 und 1766. Aber sein Geburtsort ist bekannt, das Dorf Visevci in der Nähe von Topola, rund 80 km südlich von Belgrad im Herzen der Šumadija, wo heute sein Standbild steht. Von 1781 an lebte seine Familie in Topola, der junge Djordje aber mußte bald von dort fliehen, weil er einen Türken erschlagen hatte. Er schlug sich über die Save auf österreichisches Gebiet durch, wo er in einer Einheit an der Militärgrenze diente. Im österreichisch-türkischen Krieg 1788–1791 brachte er es bis zum Feldwebel. Später desertierte er und kehrte nach Topola zurück, wo er sich als Viehhändler betätigte. Gleichzeitig beteiligt er sich als Haiduke an dem Kleinkrieg gegen die Türken. Als 1804 nach einem Massaker an einer Reihe von serbischen Notablen durch die Janitscharen der Aufstand der serbischen Bauern ausbrach, wählten letztere Karadjordje zu ihrem militärischen und politischen Führer.

Diese Wahl war ein Glücksfall, denn Karadjordje entpuppte sich als ein militärisches Talent ersten Ranges, als Taktiker und Stratege. Sein persönlicher Mut machte ihn zum geborenen Führer seiner »Soldaten«, die ihre oft schlechte Ausrüstung und mangelnde Ausbildung durch restlosen per-

sönlichen Einsatz ausgleichen mußten. Außerdem jagte Karadjordje allein durch seine Körpergröße und sein wildes Aus-
sehen den Türken Furcht und Schrecken ein.

Unter der Führung Karadjordjes und mit Unterstützung
der Russen gelang es den Serben in ihrem Ersten Aufstand,
die Stadt Belgrad zu erobern und die Türken aus dem
Paschalik Belgrad militärisch zu vertreiben. Mit Rußland im
Hintergrund begann Karadjordje, die Grundstrukturen eines
Staates aufzubauen. Er schuf eine Nationalversammlung und
einen Senat, er versuchte die Basis einer regulären Armee
und eine straff zentralisierte Verwaltung zu organisieren. Die
traditionellen *knjezine*, lokale Selbstverwaltungen, die jahrhundertelang unter den Türken existiert hatten, verloren ihre
Bedeutung. Aus einem Bauernaufstand begann sich eine
Monarchie mit zentraler Macht zu entwickeln. Mit dem Titel
eines *vrhovni vozd*, eines Obersten Führers, hatte Karadjordje
praktisch die Stellung eines Monarchen.

Mit seinen Mitkämpfern, die sich während des Aufstandes
zu lokalen Potentaten entwickelt hatten, hatte es Karadjordje
oft nicht leicht. Sie nützten den Sieg zu schamloser persönlicher Bereicherung aus und herrschten mit einer Willkür, die
dem Gerechtigkeitsempfinden und der Moral Karadjordjes
zuwider waren. Karadjordje konnte in manchen Fällen uner-
bittlich sein; als er in Topola für sich einen neuen *konak* (Residenz) errichtete, ließ er an einem eben gezogenen Balken
seinen eigenen Bruder Marinko vor den Augen der gesamten
Familie und der Dorfbewohner aufhängen, weil dieser Tür-
kinnen vergewaltigt und türkische Häuser gebrandschatzt
hatte. Bei der Eroberung von Belgrad sorgte Karadjordje
dafür, daß die Mehrzahl der türkischen Frauen unbehelligt
die Stadt verlassen konnte und sich auch das Plündern der
türkischen Häuser in Grenzen hielt. Er hatte ein ausgesprochen cholerisches Temperament, und wer seinen Zorn er-
regte, mußte um sein Leben fürchten.

An dem türkisch-russischen Krieg, der 1807 ausbricht, nimmt das kleine, aber befreite Serbien an der Seite Rußlands teil. Ein baldiger Waffenstillstand führt schließlich nach langem Hin und Her 1812 zum Frieden von Bukarest. In diesem Friedensvertrag wird Serbien zum ersten Mal international zur Kenntnis genommen, und die Türken versprechen ihren ehemaligen Untertanen eine Art Autonomie. Rußland, an dessen westlicher Grenze Napoleon bereits seine Grande Armee versammelt hat und sich anschickt, den Njemen zu überschreiten, muß in dem Vertrag jedoch dem türkischen Militär die Rückkehr in die serbischen Städte zugestehen.

Auf Karadjordje und seine Mitkämpfer wirkt dies zutiefst demoralisierend, und als die Türken 1813 entgegen den Abmachungen von Bukarest gegen die unbotmäßigen Serben erneut militärisch vorgehen, haben diese nicht mehr die moralische Kraft, sich erfolgreich zu widersetzen. Auch Karadjordje resigniert und flieht zuerst nach Österreich und von dort nach Rußland.

Die neue Schreckensherrschaft der Türken führte aber dazu, daß die Serben schon 1815 einen zweiten Aufstand wagten, zu dessen Führer der 35 Jahre alte Obrenović gewählt wurde. Dieser war zwar ein wertvoller Mitkämpfer Karadjordjes gewesen, hatte aber gleichzeitig gute Beziehungen zu den Türken unterhalten. Deshalb zögerte er zunächst, sich an die Spitze der Bewegung zu stellen. Schließlich rief er aber doch am Palmsonntag des Jahres 1815 in der Kirche von Takovo in der südwestlichen Šumadija den neuen Aufstand aus. Mit militärischem Geschick und klugem Taktieren gegenüber den lokalen türkischen Machthabern gelang es ihm, bis zum Herbst des gleichen Jahres wesentliche Positionen im Land einzunehmen und die Türken zu Verhandlungen zu zwingen.

Miloš Obrenović stammte aus einer armen Bauernfamilie und hatte sich in seiner Kindheit als Schweinehirt verdingen müssen. Er entwickelte aber bald einen ausgesprochenen Geschäftssinn und brachte es als Schweinehändler zu Wohlstand und Ansehen.

Im Umgang mit den türkischen Amtsträgern in Serbien und auch mit dem Sultan in Istanbul entwickelte er großes Geschick. Viele machte er sich durch Bestechungen gefügig, dem Großherrn am Bosporus präsentierte er sich als der einzige serbische Führer, der in der Lage sei, Ruhe und Ordnung in dieser Provinz des Osmanischen Reiches aufrechtzuerhalten. Die geheime Rückkehr Karadjordjes 1817 nach Serbien bot ihm eine willkommene Gelegenheit, seine Loyalität gegenüber der Hohen Pforte zu beweisen.

Im Gegensatz zu Karadjordje, der seine bäuerliche Herkunft nie verleugnet hatte und außer bei offiziellen Anlässen auch bei seiner bäuerlichen Kleidung geblieben war – weißes Hemd und weiße Hosen, auf dem Kopf eine schwarze Šubara aus Lammfell, an den Füßen Opanken –, liebte Miloš Obrenović den Luxus. Sein Vorbild waren die türkischen Paschas und Begs, er kleidete sich wie diese, er übernahm ihre Lebensgewohnheiten, und seine Residenz war wie ein türkischer Palast eingerichtet. Neben der Fürstin Ljubica hielt er sich einen ganzen Harem von Nebenfrauen und Geliebten. Eine von ihnen, der er zuviel Aufmerksamkeit widmete, wurde das Opfer der Eifersucht Ljubicas: Die Fürstin entledigte sich der Rivalin mit einem Pistolenschuß.

Im Russisch-Türkischen Krieg 1828/29 gelang es Miloš Obrenović, mit seinem Serbien gewissermaßen neutral zu bleiben. Den Russen schickte er Tausende von serbischen »Freiwilligen« und informierte sie über die Bewegungen der türkischen Truppen, die Türken versorgte er mit für sie wichtigen Nahrungsmitteln aus Österreich.

Im Umgang mit seinen Untertanen war er ein gefährlicher Tyrann. Seine Regierungsmaxime lautete: Niemand soll mir in meine Entscheidungen hineinreden können. Wer sich ihm widersetzte, war seines Lebens nicht sicher, auch wenn es sich um verdiente Teilnehmer am Freiheitskampf handelte. Viele von ihnen verschwanden einfach, oder wurden tot aufgefunden. »Die Gewehre«, hieß es, »seien irrtümlich losgegangen.« Es kam auch immer wieder zu lokalen Aufständen gegen die Willkürherrschaft des Fürsten.

1839 zwang ihn die Opposition, die eine Verfassung anstrebte, zum Rücktritt, und Miloš Obrenović mußte das Land verlassen. Er zog sich auf seine Güter in der Walachei zurück. Zwanzig Jahre später holte man ihn auf den Thron zurück, er starb jedoch schon ein Jahr darauf.

Trotz seines diktatorischen Regimes bescherte Miloš Obrenović dem serbischen Volk beachtliche politisch-zivilisatorische Fortschritte. Es wurde in diesen Jahren der Grundstein für eine von lokalen Potentaten unabhängige Verwaltung gelegt, der Feudalismus, der noch auf den Gütern der *Spahis* (türkische Landedelleute) bestand, beseitigt und ein freies serbisches Bauerntum geschaffen. Das war für ein kleines Land von nicht ganz 700.000 Einwohnern, von denen 95% von der Landwirtschaft lebten, von großer Bedeutung.

Es waren also die beiden Fürsten eines halbselbständigen Serbiens jeder in seiner Art herrschsüchtige Figuren. Demokratische Gesinnung und Freiheitsrechte für das Volk mußten ihnen erst mühsam abgerungen werden. Aber das wiedererstandene Serbien ist ohne die beiden nicht denkbar.

Karadjordje hat auch eine seiner Bedeutung entsprechende Ruhestätte erhalten. Er ist oberhalb seines Heimatortes Topola in der Grabeskirche von Oplenac beigesetzt, die Peter I. Karadjordjević zu Beginn dieses Jahrhunderts nach dem Muster der königlichen Kirchen und Klöster im mittelalterlichen Serbien hat errichten lassen. Dort wurden alle Herrscher aus dem Hause Karadjordjević beerdigt.

Die sterblichen Überreste der Obrenovićs hingegen sind an unterschiedlichen Orten bestattet. Miloš, der Gründer der

Dynastie, und sein Sohn Mihailo ruhen in der 1845 erbauten Kathedrale in Belgrad. Die übrigen Angehörigen der Familie liegen in der riesigen Krypta der imposanten Kirche Sveti Marko, die zwischen den beiden Weltkriegen in Belgrad nach dem Vorbild von Gračanica im Kosovo errichtet worden ist. In dieser Kirche ruhen auch die Gebeine des großen Zaren Dušan, der bedeutendsten Persönlichkeit unter den serbischen Herrschern des Mittelalters. Falls es überhaupt die sterblichen Reste Dušans sind, die man erst vor einigen Jahrzehnten in der Klosterruine des Heiligen Erzengels in Prizren im Kosovo gefunden und nach Belgrad gebracht hat.

Serbien vor 1878

11

Vuk Karadžićs Bedeutung für die Serben

DIE DRITTE PERSÖNLICHKEIT MIT EINER ZENTRALEN Bedeutung für die staatspolitische und geistespolitische Renaissance der Serben in der ersten Hälfte des 19. Jahrhunderts ist Vuk Stefanović Karadžić. Es dauerte dreiunddreißig Jahre, bis sein Leichnam in die Heimat zurückkehren konnte. Er war 1864 in Wien, wo er den größten Teil seines Lebens verbracht hatte, gestorben und erst 1897 nach Belgrad überführt worden. Dort ruht er jetzt in der *Saborna crkva*, dem Dom der orthodoxen Kirche, in dem auch Fürst Miloš Obrenović, dem er ebenso bewundernd wie kritisch gegenübergestanden hatte, beigesetzt ist.

Vuk ist der Schöpfer der serbischen Schriftsprache. Er hat ein neues, vereinfachtes kyrillisches Alphabet eingeführt und sich auf die Wurzeln des Serbischen zurückbesonnen. Durch seine Sammlungen der Legenden, Volkslieder, Sprichwörter und Volksweisheiten hat er den Schatz der Volkspoesie der Serben in das Bewußtsein der Nation gehoben. Auf diese Weise machte er das reiche kulturelle Erbe der Serben in Europa bekannt. Damit leistete er einen nicht zu überschätzenden Beitrag zum Entstehen eines neuen Selbstbewußtseins der Serben – in dem historischen Augenblick, in dem sie sich nach 400 Jahren Fremdherrschaft anschickten, ihre nationale Freiheit und staatliche Selbständigkeit wiederzuerlangen.

Vuk Stefanović, wie er ursprünglich hieß – den Namen Karadžić nahm er erst später an –, stammte aus Trsić in Westserbien und war seit Beginn des serbischen Aufstandes 1804 mit dabei. Nicht als Kämpfer, er war körperlich durch ein verkrüppeltes Bein behindert, sondern als analysierender Beob-

achter der Erhebung der serbischen Bauern, die von Karadjordje, dem »Schwarzen Georg«, angeführt wurde. Sie richtete sich gegen die blutige Willkürscherrschaft der *Dahis*, der
militärischen Führer aus dem Kreis der Janitscharen, die mit
ihrer Soldateska das Land drangsalierten. Vuk war zeitweise
sogar Sekretär einer Art Nationalversammlung und konnte
sich so guten Einblick in die Hintergründe mancher Entscheidung verschaffen.

Vuks unbändige Neugier und Energie trieben ihn trotz seiner Behinderung immer wieder dazu, im Lande umherzu-
reisen, mit den Leuten zu reden, den fahrenden Sängern und
ihren Liedern zuzuhören. Auf diese Weise gelang es ihm,
eine Fülle von Material politischer Natur und aus dem Bereich der Volkspoesie zusammenzutragen. Beides sollte sich
später von unschätzbarem Wert erweisen.

1813, als der erste Aufstand zusammenbrach und die Türken wieder die Oberhand gewannen, ließ sich Vuk im Ausland, in Wien, nieder. Krank und mittellos sah er einer tri-
sten Zukunft entgegen. Durch eine Gelegenheitsarbeit aber
wurde der Erneuerer der slowenischen Schriftsprache, Jernej
Kopitar, der bei der kaiserlichen Zensur arbeitete, auf Vuk
aufmerksam. Er erkannte dessen Begabung und begann ihn
zu fördern. Kopitar ermutigte Vuk, sich auf die literarische
Erschließung des serbischen Volksgutes an Liedern und auf
die Sprachforschung zu konzentrieren. So brachte Vuk schon
1814 zwei kleine, für die Literatur der Serben aber äußerst
wichtige Arbeiten heraus, eine Sammlung von slaveno-ser-
bischen Liedern und eine Grammatik der serbischen Sprache. Darin legte er den wichtigsten Grundsatz seiner Sprach-
reform nieder, nämlich phonetisch zu schreiben: »Schreibe,
wie Du sprichst, und lies, wie es geschrieben steht.«

1818 folgte ein serbisches Wörterbuch, das weit mehr ist als
ein einfaches Nachschlagewerk. Es ist eigentlich eine Enzy-
klopädie, denn es vereint Dokumentation und wissenschaft-

liche Erklärungen mit lyrischer Volkspoesie und Texten über historische Ereignisse.

Obwohl kein »gelernter« Historiker, hat Vuk Karadžić einen großen Beitrag zur Geschichtsschreibung geleistet. Seine Erlebnisse, Erfahrungen, Beobachtungen aus der Zeit des Ersten Serbischen Aufstandes hat er 1828 in dem Buch, das den serbischen Kampf gegen die Dahi behandelt, niedergelegt. Noch mehr: Sein Material, das diesem Buch zugrunde lag, hat er Leopold von Ranke zugänglich gemacht, der es für seine 1829 erschienene *Serbische Revolution* verwendete, die den Namen Serbiens in ganz Europa bekannt machte. »In Vuk, dem gelehrtesten Serben der damaligen Zeit«, so schrieb Ranke später, »fand ich einen Freund, der mir seine Materialsammlung über die serbische Geschichte zur Verfügung stellte. Ich versuchte aus diesen Unterlagen eine neue Geschichte dieses Volkes zusammenzustellen«.

Leopold von Ranke war nicht der einzige Geisteswissenschaftler, Sprachforscher, Literat oder Historiker in deutschen Landen, mit denen Vuk Karadžić in Verbindung stand. Zweimal besuchte dieser Goethe in Weimar, der ihn und seine Arbeiten sehr schätzte, er korrespondierte auch mit Jakob Grimm. Er stand ebenfalls in engstem Kontakt mit den Erneuerern der tschechischen und slowakischen Sprache, Dobrowsky und Šafařik.

Trotz seiner körperlichen Behinderung – er hatte wegen seines verkrüppelten Beines eine Art Holzprothese – war Vuk für die damaligen Zeiten ungewöhnlich reiselustig. Wiederholt besuchte er von Wien aus Serbien und Montenegro. Zar Nikolaus I. rief ihn zu sich nach St. Petersburg, der preußische König ließ ihn nach Berlin kommen, und innerhalb der Habsburgmonarchie reiste er oft nach Kroatien und Triest. Seine materielle Lage war jahrelang äußerst gespannt. Ein regelmäßiges Einkommen hatte er erst ab 1826, als ihm der russische Zar eine Rente aussetzte, die dann ab Mitte der dreißiger Jahre des vorigen Jahrhunderts durch eine Pension des serbischen Fürsten Miloš Obrenović ergänzt wurde. Bedrückend waren jahrelang auch seine familiären Verhältnisse. Wegen seines Geldmangels war er in Wien immer wieder gezwungen, die Wohnung zu wechseln. Von den dreizehn Kindern, die seine Frau Anna, geborene Kraus, zur Welt brachte, starben elf an Tuberkulose.

Der Anerkennung, die Vuk Karadžić durch seine bahnbrechenden Arbeiten über die serbische Sprache und die Volkskunst sowie durch seine historischen Schriften in ganz Europa fand, folgten keineswegs Ruhm und Respekt in seiner Heimat. Er wurde dort sogar heftig bekämpft, vor allem von der orthodoxen Kirche und ihrem Metropoliten Stratimirović, die zäh an der slawischen Kirchensprache festhielten und in Karadžić einen »lahmen Antichristen« sahen. Die serbischen Schriftsteller seiner Zeit blieben bei ihrer Mischsprache aus Serbisch und Russisch. Und Miloš Obrenović verbot Vuks neue Orthographie in seinem Fürstentum.

Aber auch in den europäischen Ländern, deren Eliten Karadžić schätzten, blieb er von den Behörden nicht unbehelligt. Die Geheimpolizei in Österreich verdächtigte ihn zeitweise als russischen, die in St. Petersburg wiederum als österreichischen Spion, und beide machten ihm bei der Ausstellung von Dokumenten und bei Reisen große Schwierigkeiten.

Was die politische Entwicklung in seiner serbischen Heimat seit dem ersten Aufstand 1804 betrifft, so beschränkte sich Vuk Karadžić nicht allein auf die Rolle eines Beobachters und Zeitzeugen. Von der Warte seiner Erfahrungen im übrigen Europa aus wollte er dem ersten Fürsten Serbiens, Miloš Obrenović, mit Ratschlägen für das schon teilweise autonome Staatsgefüge zur Seite stehen. Aus dieser Absicht entstand der berühmte Brief an Miloš Obrenović vom April 1828, in dem Vuk den Fürsten warnt: »Solange Sie über Macht verfügen, einen jeden willkürlich hinrichten, ihm alles oder zumindest etwas wegnehmen und ihn demütigen können, hat das Volk das Recht, nach seinen Möglichkeiten Ihnen und Ihren Kindern anzutun, was ihm beliebt.« Er schlug dem Fürsten die Schaffung einer Rechtsordnung vor, denn jede Rechtsordnung, selbst die türkische, sei besser als die serbische Anarchie. Er verlangte die Einführung einer Verfassung, versprach sich aber dabei nichts von einer Nachahmung französischer oder englischer Vorbilder, sondern schlug ein Grundgesetz entsprechend den serbischen Voraussetzungen vor. Er hielt nichts von einer bäuerlichen Volksversammlung, die vom Herrscher manipuliert wird, sondern schlug einen Senat von auf Lebenszeit ernannten, gutdotierten Beamten vor, die eine rechtlich gesicherte Verwaltung garantieren sollten.

Sehr kritisch äußerte sich Karadžić in dem Brief über die geschäftlichen Praktiken des Fürsten, vor allem darüber, daß dieser in der Walachei ausgedehnte Ländereien angekauft hatte und damit zu einem walachischen Bojaren geworden war. Auf diese Güter zog sich Miloš Obrenović im übrigen zurück, nachdem er 1839 zum Rücktritt gezwungen worden war.

Miloš Obrenović reagierte auf den Brief voller Wut und brach alle Beziehungen zu Karadžić ab. Später aber kam es doch wieder zu einer Versöhnung zwischen den beiden. Ihr Verhältnis war überhaupt recht widersprüchlich. Der Fürst mochte Karadžić persönlich, seine Arbeiten konnte er aber kaum beurteilen, weil er sie als Analphabet nicht selbst lesen konnte. Karadžić wiederum bewunderte das Geschick des Fürsten im Umgang mit den Türken und zog überhaupt die Politik der friedlichen und schrittweisen Erweiterung der Autonomie der Serben dem kriegerischen Temperament Karadjordjes vor.

Für die Serben am Beginn ihrer staatlichen und kulturellen Wiedergeburt war Vuk Karadžićs Wesen und Wirken von größter Bedeutung. Er schuf die Grundlage für ein neues

Selbstbewußtsein des serbischen Volkes, und er erzählte der Welt, was sich im fernen Südosten ereignet hatte, damit diese das Recht der Serben auf Freiheit anerkenne. Karadžić, so kann man sagen, sprengte den engen nationalen Rahmen des serbischen Volkes und verschaffte ihm einen Platz auf der Bühne Europas.

12

Ilija Garašanin –
der Vater der großserbischen Idee

DAS FÜRSTENTUM SERBIEN WAR NOCH KEINE FÜNFZEHN
Jahre alt und noch immer von den Türken besetzt, die staatlichen Strukturen des Landes waren noch kaum entwickelt,
der Machtkampf zwischen den Dynastien der Karadjordjes
und der Obrenovićs nur mit Mühe unter Kontrolle gebracht,
da begann in den dreißiger Jahren des vorigen Jahrhunderts
ein junger Beamter und Offizier von einem großen Serbien
zu träumen. Er hieß Ilija Garašanin und stammte aus einer
angesehenen Kaufmannsfamilie in der Šumadija, dem Herzen Serbiens. Er hatte auf griechischen und deutschen Schulen eine für die damalige Zeit solide Bildung genossen und
war schon mit 25 Jahren Befehlshaber der Armee des kleinen
Fürstentums und mit 31 Jahren Innenminister geworden.

1844 formulierte er seine Vorstellungen von einem Serbien,
das weit größer war als das, das er selbst verwaltete. Er
nannte das Werk *Načertanje*, was so viel wie »Aufzeichnung«
oder »Entwurf« bedeutet. In Wahrheit war es das Konzept für
ein großes und von den europäischen Mächten unabhängiges
Serbien. Dafür mußten aber alle Serben in einem Staat vereint werden. Das war gar nicht so einfach, denn damals lebten Serben noch im Osmanischen Reich (zu dem Mazedonien, das Kosovo und Bosnien-Herzegowina gehörten), in
Dalmatien (Teil von Österreich) und dem unter ungarischer
Hoheit stehenden Kroatien und der Vojvodina. Konflikte mit
diesen beiden Mächten waren also vorauszusehen, doch
wollte sich Garašanin dabei nicht ausschließlich auf Rußland
stützen und damit das von ihm geplante größere Serbien in

dessen Abhängigkeit bringen. Deshalb versuchte er vorsichtig vorzugehen. *Načertanje* wurde nicht veröffentlicht, es blieb fünfzig Jahre unter Verschluß. Aber es war für die Politik Belgrads bis zur Schaffung Jugoslawiens richtungweisend, und es erlangte unter anderen Vorzeichen erneute Aktualität durch den Zerfall Jugoslawiens.

Als Innenminister wie auch als Regierungschef und Außenminister sorgte Garašanin dafür, daß die von Serben bewohnten Gebiete außerhalb Serbiens von einer engmaschigen Propagandaorganisation überzogen wurden. Sie agierte im Geheimen und hatte eine doppelte Aufgabe: den serbischen kulturellen Einfluß in der serbischen Diaspora mit Hilfe von patriotischen Schriften zu verstärken. Außerdem sollte die serbische Bevölkerung dieser Gebiete auf den Tag der nationalen Revolution und der Angliederung an das Stammland Serbien vorbereitet werden. Diese Geheimorganisation, die, streng hierarchisch gegliedert, von Belgrad nicht nur kontrolliert, sondern auch finanziell getragen wurde, erstreckte sich zunächst auf die noch unter türkischer Herrschaft stehenden Gebiete, schloß aber dann auch die südlichen Teile des Habsburger Reiches von Dalmatien über die Militärgrenze bis in die Vojvodina mit ein.

Im Gegensatz zu den späteren serbischen Geheimorganisationen, die in Österreich-Ungarn agierten, war die Organisation Garašanins nicht terroristischer Natur. Sie strebte eine Ausdehnung des serbischen kulturellen und politischen Einflusses über die Grenzen des damals noch kleinen Serbien hinaus an, vermied aber spektakuläre Gewaltakte. Sie versuchte auch andere, noch unter türkischer Herrschaft stehende Nationen, wie die Bulgaren und Albaner, auf eine Revolte gegen die osmanischen Behörden vorzubereiten. Den Muslimen in Bosnien-Herzegowina versprach Belgrad unter Garašanin, sie würden im Falle einer Machtübernahme durch die christliche Bevölkerung ihren Grundbesitz nicht verlieren.

Es würde sich nur die rechtliche Stellung der diesen Landbesitz bearbeitenden christlichen Bauern ändern.

Träger der großserbischen Propaganda Garašanins waren keineswegs nur Serben; besonders in den südslawischen Teilen der Donaumonarchie beteiligten sich an ihr auch kroatische Kaufleute und Priester, die »jugoslawisch« orientiert waren, das heißt Serben und Kroaten als ein und dieselbe Nation betrachteten.

Auf dem Höhepunkt seines Einflusses, in seiner Zeit als Regierungschef und Außenminister 1861-1867, bemühte sich Garašanin auch um eine Allianz der bereits existierenden Balkanstaaten. 1866 kommt es zu einem Bündnis Serbiens mit Montenegro, 1867 mit Griechenland und 1868, als Garašanin schon zurückgetreten war, mit Rumänien. Die Bulgaren hatten zu diesem Zeitpunkt noch keinen eigenen Staat, ihre revolutionäre Führung im Ausland stimmte aber der Bildung einer serbisch-bulgarischen Föderation zu, die allerdings nie zustande kam.

Auch mit dem anerkannten Führer der Kroaten in der Habsburgermonarchie, Bischof Strossmayer, tritt Garašanin in Verbindung. Beide einigen sich auf die Schaffung eines unabhängigen südslawischen Staates nach der Befreiung Bosnien-Herzegowinas. Garašanin geht davon aus, »daß die Kroaten und die Serben ein und dasselbe sind – Jugoslawen«. Außerdem schreibt er: »Die Religion soll in nationalen Fragen keinerlei Einfluß nehmen; die Nationalität ist die einzige Basis für den Staat; die Religion spaltet uns in drei Teile und trennt uns – daher kann sie niemals die Basis der Vereinigung in einem Staat sein; nur die Nationalität kann diese Rolle spielen, denn wir sind ein und dieselbe Nationalität.«

In der Praxis stellt sich das Verhältnis zwischen Serben und Kroaten jedoch nicht so einfach dar. Die Serben sahen in ihrem vorläufig noch kleinen, aber doch schon selbständigen Staat das Zentrum eines großen, unabhängigen südslawischen Staates, die Kroaten sahen in dem kulturell und wirtschaftlich erschlosseneren südslawischen Teil der Donaumonarchie den Schwerpunkt eines neuen Staates im Südosten Europas. Dies sollte später die Bestrebungen um die Befreiung der christlichen Bevölkerung Bosnien-Herzegowinas zuerst von der türkischen, dann von der österreichischen Herrschaft stark belasten.

Garašanins Bedeutung lag aber nicht nur in seiner Rolle als Ideologe der großserbischen Idee, er war auch der erste serbische Regierungschef, der systematisch eine Modernisierung Serbiens durch eine funktionierende Bürokratie und eine Gesetzgebung nach westlichem Muster anstrebte. Sein Verhältnis zu Rußland war eher gespannt; knapp vor dem Krimkrieg 1854–1856 setzten die Russen seine Abberufung als Ministerpräsident und Außenminister durch, weil sie ihm Sympathien für die Westmächte anlasteten. Im Pariser Frieden nach dem Krimkrieg setzte Garašanin andererseits durch, daß Rußlands Protektorat über die Orthodoxen der europäischen Türkei durch ein Protektorat aller europäischen Großmächte ersetzt wurde. Er erzielte auch eine wesentliche Erweiterung der Autonomie Serbiens.

In der Geschichte der Serben nimmt Garašanin eigentlich nicht den Platz ein, der ihm gebührt. Wahrscheinlich, weil er schwer einzuordnen ist. Er war ein Liberaler, der mit konservativen Methoden herrschte, er hegte Sympathien für die Obrenović-Dynastie, diente aber auch den Fürsten aus dem Hause Karadjordje, er widersetzte sich einem zu starken Einfluß der Russen auf die serbische Politik, bremste aber auch den jeweiligen Fürsten, wenn dieser sich zu sehr an Wien orientierte. Er war ein Rationalist und kein Staatsmann, der seine Politik aus den mittelalterlichen Mythen der Serben entwickelte. Am ehesten kann man ihn noch als den ersten vom modernen Nationalismus geprägten Staatsmann Serbiens bezeichnen.

Serbien 1878 bis 1913

ÖSTERREICH-UNGARN

Maria Theresiopel

Temesvar

Neusatz

RUMÄNIEN

Belgrad

SERBIEN

Kragujevac

Sarajevo

BULGARIEN

Novi Pazar

Nisch

Pirot

Vranje

Sofia

MONTE-NEGRO

Pristina

Üsküb

OSMANISCHES REICH

Strumica

Monastir

13

Blutige Spur durch die Geschichte

BEI VELIKA PLANA, RUND 100 KM SÜDÖSTLICH VON BELGRAD, steht in einem Wäldchen unweit der Autobahn Richtung Nisch, eine unscheinbare Holzkirche. Sie trägt den Namen *Pokajnica*, was soviel heißt wie Sühnekirche.

Die Stelle, wo die Kirche steht, war Schauplatz einer grausamen, folgenschweren Bluttat. Beinahe ein Jahrhundert lang sollte sie weitere Bluttaten nach sich ziehen und so der Geschichte der Serben das Odium von Verschwörung, Gewalt und Mord verleihen.

In der Nacht vom 13. zum 14. Juli 1817 wurde hier der Führer des Ersten Serbischen Aufstandes, George Karadjordje, ermordet. Karadjordje, der wie bereits erwähnt, nach der Niederschlagung seines Aufstandes 1813 gegen die Türken nach Rußland geflüchtet war, versuchte 1817, heimlich wieder über die Fürstentümer Moldau und Walachei und die Donau in seine Heimat zurückzukehren. Sehr gegen den Willen von Zar Alexander I., der dadurch Komplikationen mit den Türken befürchtete. Aber auch zum Unwillen von Miloš Obrenović, dem Führer des Zweiten Serbischen Aufstandes von 1815, der gerade dabei war, seine Erfolge in Verhandlungen mit der Hohen Pforte zu festigen. In der Rückkehr des ungestümen und kämpferischen Rivalen sah er diese gefährdet.

Der Taufpate Karadjordjes, Vujica Vuličević, war es, der die schändliche Tat ausführte. Karadjordje hatte ihm offenbar vertraut. Vuličević scheint zuerst versucht zu haben, Karadjordje zu bewegen, Serbien wieder zu verlassen, um die Verhandlungen Obrenovićs mit den Türken nicht zu stören. Als der »Schwarze Georg« auf dieses Ansinnen nicht einging und

arglos sein Nachtlager im Walde von Radovanja aufschlug, tötete ihn Vuličević mit einer Axt. Schon ein Jahr darauf stiftete
der Mörder eine kleine Kirche. Das Volk nannte sie die *Pokajnica*, Sühnekirche, weil es annahm, daß Vuličević, der in-
zwischen von Miloš Obrenović zum Chef des wichtigen Ver-
waltungsbezirkes von Smederevo bestellt worden war, seine
feige Tat damit wiedergutmachen wollte. Bald tauchten
Gerüchte auf, nicht Vuličević, sondern Fürst Miloš habe die
Kirche gestiftet, und zwar von den 4000 Dukaten, die Vuličević im Sack Karadjordjes gefunden und dem Fürsten aus-
gehändigt hatte.

Die Hintergründe der Tat wurden niemals eindeutig geklärt; sicher aber ist, daß Fürst Miloš unter dem Druck der
Volksmeinung, die den Mord an dem populären Führer des
Ersten Aufstandes entschieden verurteilte, seinen Handlan-
ger Vuličević fallenließ. Dieser verbrachte die letzten Jahre
seines Lebens in Armut und Furcht vor der Rache der Karadjordjes. Sie sollte nicht auf sich warten lassen: Ein Ver-
wandter des »Schwarzen Georg« vergiftete ihn.

Im Wald von Radovanja nahm also jener blutige Machtkampf zwischen den Dynastien der Karadjordje und der
Obrenović seinen Ausgang, der die Politik in dem zunächst
kleinen Fürstentum, später im Königreich Serbien wesentlich
bestimmen sollte. Sein vorläufiges Ende fand dieser erst am
10. Juli 1903, als eine Gruppe von Offizieren König Alexander
Obrenović und seine Gattin Draga im königlichen Palais in
Belgrad in bestialischer Weise ermordete und die Leichen in
den Hof warf. Nicht genug damit, sie töteten in dieser Nacht
auch noch den Ministerpräsidenten, General Cincar-Marković, den Verteidigungsminister, und die beiden Brüder der
Königin.

Das war das Ende der Dynastie Obrenović, die Serbien
sechs Fürsten und Könige gestellt hatte. Zwei davon waren
eines gewaltsamen Todes gestorben und drei zur Abdankung

gezwungen worden. Nach 1903 konnten die Karadjordjes unbehelligt von den Obrenovićs regieren, aber das Morden in
den Regierungskreisen der Serben war damit noch nicht be-
endet.

Denn die Abschlachtung von König Alexander Obrenović
bedeutete noch nicht das Ende der Offiziersverschwörungen
und auch nicht das Ende der Umtriebe eines Mannes, der
nicht nur für Serbien, sondern für ganz Europa zu einer
Schicksalsfigur werden sollte: Dragutin Dimitrijević, genannt
Apis. Im Alter von 26 Jahren gehörte er zu den Hauptdraht-
ziehern der Offiziersverschwörung gegen den König und dessen Ermordung.

Nach der Annexion von Bosnien-Herzegowina durch
Österreich-Ungarn 1908, wurde er im Spionagedienst des ser-
bischen Generalstabs, im Rang eines Generalstabsmajors,
Mitbegründer der Geheimorganisation *Ujedinjenje ili smrt*
(Vereinigung oder Tod); die spätere berühmt-berüchtigte
»Schwarze Hand«.

Die »Schwarze Hand« war nicht die erste Geheimorgani-
sation, die im Sinne großserbischer Zielsetzungen terroristische Aktionen auf dem Gebiet der österreichisch-ungarischen
Monarchie unternahm. Es gab zunächst die schon vor der
Annexion geschaffene Vereinigung *Slovenski jug* (Slawischer
Süden), die aber auf Grund österreichischer Proteste in
Belgrad 1909 aufgelöst werden mußte. Ein Jahr später, als die
nationale Erregung in Serbien wegen der Annexion von
Bosnien-Herzegowina durch Österreich ihren Höhepunkt erreichte, wurde die *Narodna odbrana* (nationale Verteidigung)
ins Leben gerufen. Für sie galt Österreich als der »hauptsäch-
lichste und größte Feind Serbiens«. Die *Narodna odbrana*
unterhielt in Čuprija, südlich von Belgrad, eine regelrechte
Schule für terroristische Aktionen, in der vornehmlich junge
Leute aus Bosnien-Herzegowina in Umgang und Herstellung
von Sprengstoffen und Feuerwaffen ausgebildet wurden. Un-

ter dem Druck von Wien mußte die Belgrader Regierung jedoch den Umtrieben dieses Geheimbundes Zügel anlegen.

In Offiziers- und Studentenkreisen – vor allem bei Bandenführern in den noch türkisch beherrschten Gebieten Südserbiens und Mazedoniens – wurde es als notwendig erachtet, eine neue Geheimorganisation zu schaffen. Sie sollte die
irredentistischen Aktionen in den an Serbien grenzenden und
von Serben bewohnten Gebieten Österreich-Ungarns fortsetzen. So entstand im Frühjahr 1911 die Vereinigung *Ujedinjenje
ili smrt.* Dimitrijević – Apis – sagte seine Mitarbeit zu. Durch
seine Persönlichkeit und organisatorische Begabung wurde er
bald zum führenden Kopf der »Schwarzen Hand«.

Die Zielsetzung des Geheimbundes ist bereits in seinem
Namen (Vereinigung oder Tod) enthalten: die Vereinigung
aller Serben in einem einzigen Staat. Im Statut wird festgehalten, daß zu diesem Zweck in allen Gebieten, in denen Serben leben, revolutionäre Organisationen gebildet werden,
und daß außerhalb Serbiens »gegen alle Feinde dieser Idee
mit allen Mitteln« gekämpft werden müsse. Im Siegel der Organisation sind ihre Zielsetzungen symbolhaft enthalten: Eine
starke geballte Faust schwingt eine wehende Fahne; das
Wappen ist ein Totenkopf mit zwei gekreuzten Knochen;
neben der Fahne ein Messer, eine Bombe und ein Giftfläschchen.

Eid und Eidesleistung beim Eintritt in die Organisation
sind im Statut genau festgelegt und nicht minder schaurig-
dramatisch inszeniert. »Das Zimmer, worin die Eidesabnahme erfolgt, ist verdunkelt. Inmitten des Zimmers steht
ein mit schwarzem Stoff bedeckter Tisch. Auf dem Tisch befinden sich ein Kreuz, ein Messer und ein Revolver. Nur eine
kleine Wachskerze erhellt den Raum … Wenn alle (Anwärter
auf die Mitgliedschaft) ihre Bereitwilligkeit zum Eintritt
erklärt haben, tritt überraschend aus dem Nebenraum ein
maskierter Mann ins Zimmer – das Mitglied einer höheren

Gruppe, das eigens hierfür bestimmt ist. Nunmehr sprechen
der ›Gründer‹ und ihm nach alle neuen Mitglieder mit deut-
licher Stimme die Eidesformel. Wenn das geschehen ist, küs-
sen die neuen Mitglieder einander und der maskierte Mann
heißt sie mit einer Geste willkommen, ohne jedoch dabei ein
Wort zu sprechen. Er zieht sich dann sofort in den Nebenraum zurück und das Eideszimmer wird erhellt ...«

Die Eidesformel selbst ist ebenso theatralisch. »Ich
schwöre«, so lautet der Text, »indem ich in die Organisation
Vereinigung oder Tod eintrete, bei der Sonne, die mich
wärmt, bei der Erde, die mich ernährt, bei Gott, bei dem
Blute meiner Väter, bei meiner Ehre und bei meinem Leben,
daß ich von diesem Augenblick an bis zu meinem Tode dieser Organisation treu dienen und immer bereit sein werde,
für sie alle Opfer zu bringen. Ich schwöre bei Gott, bei meiner Ehre und bei meinem Leben, daß ich alle Geheimnisse
dieser Organisation mit ins Grab nehmen werde. Mögen
Gott und meine Genossen in der Organisation mich richten,
wenn ich diesen Eid wissentlich oder unwissentlich breche.«

Über die düsteren Aktivitäten der »Schwarzen Hand«, wie
die Organisation Vereinigung oder Tod in und außerhalb
Serbiens der Einfachheit halber genannt wurde, vornehmlich
über das von ihr organisierte Attentat auf den österreichischen Thronfolger Franz Ferdinand in Sarajevo am 28. Juni
1914, sind ganze Bibliotheken gefüllt worden. Daß die jugend-
lichen Verschwörer der Studentenorganisation *Mlada Bosna*
(Junges Bosnien), aus deren Reihen auch Gavrilo Princip
kam, der die tödlichen Schüsse auf den Thronfolger abgab,
von der »Schwarzen Hand« geleitet wurden, ist heute in allen
Einzelheiten erwiesen. Auch was die Rolle des legendären
Apis im Hintergrund betrifft. Ebensowenig kann außer Zweifel stehen, daß die serbische Regierung und der Regent und
spätere König Alexander über die Existenz, die Zielsetzungen
und die Aktivitäten der »Schwarzen Hand« informiert waren.

Zu diskutieren wäre vielleicht noch, ob und welche Mitglieder der Regierung und aus der Umgebung des Regenten von den Vorbereitungen des Attentates in Sarajevo gewußt hatten.

Das alles braucht uns hier nicht weiter zu beschäftigen, wohl aber das Ende des Dragutin Dimitrijević, der durch die Organisierung des Attentates auf den künftigen Kaiser der Doppelmonarchie eine Entwicklung ausgelöst hatte, die welthistorische Folgen nach sich ziehen sollte. In einem Steinbruch bei Saloniki wurden Dimitrijević und zwei weitere Mitglieder der »Schwarzen Hand« Anfang 1917 erschossen, nachdem sie von einem serbischen Militärgericht zum Tode verurteilt worden waren. Aber nicht wegen des Mordes in Sarajevo, sondern weil sie angeblich die Ermordung des Prinzregenten Alexander, den Sturz der Regierung Pašić und die Annullierung der Verfassung geplant hatten. Die »Schwarze Hand« wurde von den Anklägern nicht als eine »patriotische«, sondern als eine »revolutionäre« Vereinigung bezeichnet, die die Ersetzung der zivilen durch die militärische Macht zum Ziel hatte. Regierungsmitglieder, die sich dem widersetzten, sollten beseitigt werden.

Von der irredentistischen Tätigkeit der »Schwarzen Hand« außerhalb der Grenzen Serbiens und vornehmlich in den slawisch bewohnten Gebieten Österreichs war in der Anklage ebensowenig die Rede wie von dem Mord am österreichischen Thronfolger. Nur die Angeklagten wiesen zu ihrer Verteidigung auf die großserbischen Ziele der Organisation und den »patriotischen« Einsatz ihrer Mitglieder außerhalb Serbiens hin.

Aber was war der Hintergrund dieses im politischen wie juristischen Sinne höchst zweifelhaften Prozesses? Es waren einerseits die Machtkämpfe innerhalb der Regierung, der Armeeführung und auch in der Umgebung des Prinzregenten. Nach den siegreichen Balkankriegen 1912-13 war das Prestige des Offizierskorps im Volke mächtig gewachsen, und damit war auch der Einfluß von Apis gestiegen, der sowohl den Chef des Generalstabs Radomir Putnik wie seinen Stellvertreter Živojin Mišić zu seinen Freunden zählte. Diesen Popularitätsgewinn der Armee wollten die Regierung, die politischen Parteien und die zivilen Instanzen nicht hinnehmen, und so kam es vor allem in den neugewonnenen Gebieten in Südserbien und Mazedonien immer wieder zu Reibereien zwischen der neuen Verwaltung und den Militärs.

Unter dem Druck des Militärs, gesteuert von Apis, trat die Regierung Pašić zurück. Die Russen aber widersetzten sich der Demission, das heißt, der russische Gesandte Hartwig, denn er sah in der Herrschaft der Alt-Radikalen eine Garantie für den Fortbestand des eigenen Einflusses. Es kam zu einer grotesken Wendung: König Peter, der Pašić entlassen hatte, mußte nachgeben und den Kronprinzen Alexander zum Regenten ernennen. Pašić blieb im Amt.

Mit Unterstützung der Russen hatten sich also die Gegner der »Schwarzen Hand« und ihres Anführers Apis durchgesetzt. Zum ersten Mal bewies die »Weiße Hand« – eine Offiziersgruppe, zu der hauptsächlich jene Mitverschwörer von 1903 gegen den letzten Obrenović-König gehörten, die von der »Schwarzen Hand« nicht aufgenommen worden waren – ihren Einfluß und ihre Macht. Die »Weiße Hand« hatte in Petar Živković, der es vom Adjutanten des Prinzregenten zum General brachte, einen König Alexander vollkommen ergebenen und gleichzeitig brutalen Chef. Er dürfte die treibende Kraft hinter der Verhaftung und Verurteilung von Apis gewesen sein. Nach dem Ersten Weltkrieg, im »Königreich der Serben, Kroaten und Slowenen« (*Kraljevina Srba, Hrvata i Slovenaca*), kurz SHS genannt, dem späteren Jugoslawien, war die »Weiße Hand« die mächtigste politisch-militärische Geheimorganisation.

Warum aber hat sich der spätere König Alexander des Organisators des Mordes von Sarajevo entledigt? Zweifellos um

einen Mann loszuwerden, der ihm im Falle eines Verhand-
lungsfriedens zwischen der Entente und den Mittelmächten
höchst unbequem hätte werden können. Denn im Frühjahr
1917, nach der Februarrevolution und dem Sturz von Zar
Nikolaus II., war die Lage für die Entente keineswegs rosig.
Wäre es zu diesem Zeitpunkt zu einem Frieden gekommen,
hätte Apis als Organisator des Attentats auf den österreichischen Thronfolger Franz Ferdinand für das serbische Königreich eine Belastung bedeutet.

Was immer auch der Hintergrund des Prozesses war, das
Gericht hat es jedenfalls vermieden, die Aktionen der
»Schwarzen Hand« außerhalb Serbiens zum Gegenstand der
Verhandlungen zu machen. In den Prozeßprotokollen wurden alle Hinweise auf die von Mitgliedern der »Schwarzen
Hand« verübten Morde, Anschläge und Sprengstoffattentate
auf dem Gebiet Österreich-Ungarns vermieden. Und die Regierung sorgte auch dafür, daß in belastenden Dokumenten
gewisse Stellen, die nicht der Anklage entsprachen, einfach
eliminiert wurden. So fehlen in dem dem Gericht vorgeleg-
ten Originalstatut der Organisation Vereinigung oder Tod in
Artikel 4 vier Absätze, die sich auf die Tätigkeit der Organisation außerhalb Serbiens beziehen.

Über den Saloniki-Prozeß ist viel geschrieben worden.
Dennoch ist er heute weitgehend in Vergessenheit geraten. In
einem sind sich unparteiische Beobachter aber einig: Es war
ein manipulierter politischer Prozeß, in dem das Urteil gegen
die Hauptangeklagten von vornherein feststand. Die Beweise,
daß Apis während des Krieges einen Umsturz, die Aufhebung
der Verfassung und die Beseitigung der Monarchie sowie die
Errichtung einer Militärherrschaft geplant hätte, waren mehr
als dürftig. Ebenso die Zeugenaussagen über das angebliche
Attentat auf den Prinzregenten Alexander am 29. August 1916
in der Nähe von Saloniki.

So kommt denn Hans Übersberger, der Direktor des Se-

minars für Osteuropäische Geschichte in Wien, der die Akten des Prozesses 1933 bearbeitet und veröffentlicht hat, nach
den Hinweisen auf die darin enthaltenen vielen Wider-
sprüche zu folgendem Schluß: »Überhaupt liegt über dem
ganzen Prozeß der Schatten des die Welt aus den Angeln
hebenden Sarajevoer Mordes, und die Tendenz etwas zu ver-
bergen, tritt immer wieder zutage ...« Dimitrijević sei offensichtlich »wegen eines Verbrechens verurteilt und hingerichtet worden, das wahrscheinlich gar nicht existierte ... und
wegen eines im Prozeß nicht genannten anderen Verbrechens
verurteilt und hingerichtet worden ...«

Serbien 1913 bis 1918

14

Der neue gemeinsame südslawische Staat

IM JUNI UND JULI 1917 TRAFEN SICH AUF DER GRIECHISCHEN Insel Korfu im Ionischen Meer der serbische Ministerpräsident Nikola Pašić und der kroatische Politiker Ante Trumbić, um die Schaffung eines gemeinsamen Staates der Südslawen (mit Ausnahme der Bulgaren) zu besprechen. Der serbische König, die Regierung und auch der Rest der Armee hatten sich im Winter 1915 vor der Invasion der österreichischen und deutschen Heere über Albanien auf diese Insel zurückgezogen. Von der Saloniki-Front aus hatten sie im späteren Verlauf des Ersten Weltkrieges zusammen mit Engländern und Franzosen versucht, die Mittelmächte aus Serbien zu vertreiben. 1917 zeichnete sich der Sieg der Entente bereits ab. Damit stellte sich auch die Frage der künftigen staatlichen Ordnung auf dem Balkan.

Ante Trumbić, ehemals Bürgermeister der Stadt Split in Dalmatien, war Vorsitzender des »Jugoslawischen Komitees« mit Sitz in London. Dieses Komitee, dem auch der berühmte kroatische Bildhauer Ivan Meštrović angehörte, bemühte sich, die Interessen der südslawischen Völker des Habsburgerreiches sowohl gegenüber der Entente, den zu erwartenden Siegern des Krieges, wie auch gegenüber den Serben zu vertreten, mit denen sie in einem künftigen Staat zusammenleben würden.

Die Deklaration, die Pašić und Ante Trumbić nach wochenlangen Verhandlungen am 20. Juli 1917 auf Korfu unterzeichneten, kann man als die Geburtsstunde des gemeinsamen Staates der Südslawen bezeichnen. Nur sollte dieser neu zu bildende Staat nicht »Jugoslawien« heißen, sondern

»Königreich der Serben, Kroaten und Slowenen«. Trumbić war für die Bezeichnung »Jugoslawien«, Pašić lehnte diese ab, und zwar aus zwei Gründen: Er wollte, daß in dem Namen des neuen Staates auf alle Fälle das »Königreich Serbien« einbezogen wäre, auch wenn feststand, daß der neue Staat keine Erweiterung und Fortführung des bestehenden serbischen Staates sein würde. Es sollte ein neuer Staat auf der Grundlage des »Prinzips der freien Selbstbestimmung der Völker« sein. Auch aus außenpolitischen Gründen war Pašić gegen ein »Jugoslawien«, da dieser Staat von den Entente-Mächten noch nicht anerkannt worden war. Das Königreich Serbien hingegen hatte ja auf ihrer Seite gekämpft und würde bei Kriegsende unter den Siegern sein. Das war vor allem im Hinblick auf die territorialen Aspirationen Italiens am gegenüberliegenden Ufer der Adria von Bedeutung.

Ansonsten ging die Deklaration davon aus, daß Serben, Kroaten und Slowenen ein »dreinamiges Volk« seien, »ein und dasselbe nach dem Blute, der gesprochenen und der geschriebenen Sprache, nach dem Gefühl ihrer Einheit, nach der Kontinuität und der Gesamtheit der Territorien.« Der künftige gemeinsame Staat solle »eine konstitutionelle, demokratische und parlamentarische Monarchie mit der Dynastie der Karadjordjević an der Spitze« sein, in dem die drei Religionen, die serbisch-orthodoxe, die katholische und die muslimische »gleichberechtigt« sein würden. Über die innere Ordnung des neuen Staates hieß es in der Deklaration lediglich, sie werde von der verfassunggebenden Nationalversammlung mit »qualifizierter Mehrheit« beschlossen werden.

Pašić und Trumbić waren sich also bei den Verhandlungen auf Korfu nicht einig geworden, welche innere Struktur das Königreich des »dreinamigen Volkes« haben sollte. Pašić war für einen zentralisierten, straff geführten Einheitsstaat, denn nur ein solcher konnte seiner Meinung nach dem Druck von außen standhalten. Trumbićs Haltung war etwas zweideutig:

Er beharrte offensichtlich nicht auf einer föderalistischen Ordnung des neuen Staates, sondern setzte sich nur für eine Dezentralisierung ein.

Wie die weitere Entwicklung des gemeinsamen südslawischen Staates zeigte, wäre es besser gewesen, man hätte schon von allem Anfang an klare Verhältnisse geschaffen. Schließlich war bekannt, daß Pašić und seine alte Radikale Partei, gestützt von Rußland, für ein Groß-Serbien waren, also für die Einbeziehung aller Gebiete, in denen Serben jenseits von Save und Drina lebten, das heißt Bosniens und der Vojvodina. Aus innenpolitischen Gründen mußte Pašić aber zeitweise auch jenen Kräften Rechnung tragen, die für eine jugoslawische Option eintraten, also für eine Vereinigung aller südslawischen Völker in einem neuen Staat, wenn auch mit Serbien als zentraler Säule. Dementsprechend heißt es in der ersten Formulierung der serbischen Kriegsziele vom Dezember 1914, der sogenannten Deklaration von Nisch, daß »aus Serbien ein starker südwest-slawischer Staat geschaffen werden soll, in dem alle Serben, Kroaten und Slowenen vereinigt sein würden«.

Aber Pašićs Einstellung zu einem »Jugoslawien« war nicht konsequent. Das zeigte sich auch nach der Deklaration von Korfu, als Anfang 1918 der amerikanische Präsident Woodrow Wilson seine berühmten 14 Punkte vorlegte. In Punkt 11 verlangte er nämlich, daß das Königreich Serbien nach dem Krieg wiederhergestellt und ihm ein Zugang zum Meer gesichert werde. Daraufhin distanzierte sich Pašić praktisch von der Korfu-Deklaration und bemühte sich bei den westlichen Großmächten um eine Zusage, daß Serbien Bosnien-Herzegowina und jenen Zugang zum Meer bekommen würde.

Wie aber stellten sich die Südslawen in der Habsburgermonarchie die künftige Ordnung im Südosten vor? Schon vor dem Treffen auf Korfu hatten die kroatischen und slowenischen Abgeordneten im Wiener Reichsrat ihre Ideen dazu präzisiert. Am 30. Mai 1917 gaben sie eine Erklärung ab, in der sie »die Vereinigung aller Länder der Monarchie, in denen Slowenen, Kroaten und Serben leben, in einen selbständigen, von jeder Herrschaft fremder Völker freien und auf demokratischer Basis gegründeten Staatskörper unter dem Szepter der Dynastie Habsburg-Lothringen« fordern. Die Abgeordneten, die im »südslawischen Klub« zusammengeschlossen waren, stützten dabei ihre Forderung auf die »nationalen Prinzipien und das kroatische Staatsrecht«.

Besonders der Hinweis auf das kroatische Staatsrecht alarmierte die Regierung Pašić. Sie sah darin die Gefahr, daß die südslawischen Völker innerhalb der Donaumonarchie ein von Serbien getrenntes Staatsgefüge bilden könnten. Um dem entgegenzuwirken, lud Pašić die Vertreter des Jugoslawischen Komitees auf seiten der Entente nach Korfu ein. Mit ihnen wurde dann die Bildung eines jugoslawischen Staates unter der serbischen Dynastie der Karadjordjes beschlossen, auch wenn dieser Staat zunächst nicht den Namen Jugoslawien bekommen sollte.

Eine weitere wichtige Entscheidung fiel durch die Abgeordneten der südslawischen Völker in der Donaumonarchie am 6. Oktober 1918 in Zagreb. Sie bildeten dort einen »Volksrat der Slowenen, Kroaten und Serben« als oberste Vertretung dieser drei Völkerschaften im Habsburgerreich. Nachdem Österreich-Ungarn dann am 27. Oktober die Entente um Frieden gebeten hatte, entschied der kroatische Landtag zwei Tage später, »alle bisherigen staatsrechtlichen Beziehungen und Bindungen zwischen dem Königreich Kroatien, Slawonien und Dalmatien einerseits und dem Königreich Ungarn und dem Kaiserreich Österreich andererseits« aufzulösen. Außerdem sollte ein von Ungarn und Österreich völlig unabhängiger, gemeinsamer nationaler und souveräner Staat der Slowenen, Kroaten und Serben entstehen. Die allgemeine verfassunggebende Nationalversammlung »des gesamten ver-

einigten Volkes der Slowenen, Kroaten und Serben« würde,
so hieß es, mit im voraus festgelegter qualifizierter Mehrheit
endgültig sowohl »über die Regierungsform als auch über das
innere Gefüge (eines) Staates, der auf der völligen Gleichberechtigung von Slowenen, Kroaten und Serben gründet, entscheiden«. Dem »Volksrat« übertrug der Landtag die Oberste
Gewalt. Der Volksrat teilte dann den Siegermächten mit, daß
sich auf dem südslawischen Territorium des einstigen Österreich-Ungarn der Staat der Slowenen, Kroaten und Serben
gebildet habe und daß es seine Absicht sei, auch Serbien und
Montenegro in diesen zu integrieren. Das Jugoslawische Komitee in London wurde schließlich ermächtigt, die Interessen
dieses Staates zu vertreten.

Anfang November 1918 kam es dann in Genf zu einer Konferenz aller drei Gruppen, die an der Schaffung des neuen
Staates der Südslawen beteiligt waren: der serbischen Regierung, des Jugoslawischen Komitees in London und der Exe-
kutive des Volksrates in Zagreb. Der wichtigste Beschluß, den
sie faßten und der am 9. November veröffentlicht wurde, lautete: »Die Regierung des Königreiches Serbien und der
Volksrat zu Zagreb werden die Abwicklung der Geschäfte auf
ordnungsgemäße, derzeit in den einzelnen Bereichen bestehende Weise – und zwar jedes in seinem inneren rechtlichen
und territorialen Wirkungsbereich fortführen, bis die in allgemeiner, gleicher, direkter und geheimer Wahl aller Bürger
gewählte große Nationalversammlung der vereinigten Serben, Kroaten und Slowenen (Konstituante) durch Verfassung
die definitive Gestaltung des Staates bestimmt ... Diese Re-
gelung kann nur im gegenseitigen Einvernehmen der Regierungen des Königreiches Serbien und des Volksrates geändert
werden.« Die Vereinbarungen unterschrieben der serbische
Ministerpräsident Nikola Pašić, der Präsident des Volksrates,
der Slowene Korošec, und der Präsident des Jugoslawischen
Komitees, Ante Trumbić.

Der Genfer Beschluß bedeutete also nichts anderes, als daß sowohl Serbien wie die südslawischen Gebiete der ehemaligen Doppelmonarchie nach den jeweiligen dort bisher geltenden Rechts- und politischen Normen regiert und verwaltet werden sollten, bis eine verfassunggebende Versammlung über die neue Staatsordnung entschieden hätte. Das heißt, daß auch über einen eventuellen Zusammenschluß der beiden Staaten die verfassunggebende Versammlung zu entscheiden hatte.

Die Dinge verliefen jedoch anders als in Genf vorgesehen. Italien begann sofort nach dem Waffenstillstand die bisher österreichischen und ungarischen Gebiete in Dalmatien, an der kroatischen Küste und in Istrien zu besetzen. Das war der Preis, den die Entente Italien im Vertrag von 1915 für einen Kriegseintritt an ihrer Seite geboten hatte. Stellenweise versuchte die italienische Armee sogar, sich mehr anzueignen als vereinbart worden war. Dies aber rief bei den Slowenen und bei den Kroaten große Unruhe hervor und gab dort den Kräften Auftrieb, die für einen schnellen Zusammenschluß der Slowenen, Kroaten und Serben, also der Südslawen des Habsburgerreiches, mit dem Königreich Serbien waren. So beschloß der Exekutivausschuß des Volksrates in Zagreb am 23. und 24. November gegen eine Gegenstimme, den Zusammenschluß mit dem Königreich Serbien schnellstens zu vollziehen und zu diesem Zweck nach Belgrad zu reisen.

Treibende Kraft des schnellen Zusammenschlusses mit Serbien war in dem Exekutivausschuß des Volksrates der Serbe aus Kroatien Svetozar Pribičević. Er war damals ein glühender Anhänger des Jugoslawismus und eines zentralistisch geführten Staates. Später überwarf er sich mit König Alexander, vertrat föderalistische Ziele und mußte nach einer einjährigen Inhaftierung in die Emigration nach Prag gehen, wo er auch starb.

1918 war er aber maßgeblich an der Formulierung der

Adresse beteiligt, mit der die Delegation aus Zagreb dem Regenten und späteren König Alexander ihren Willen kundtat, die unter der Kontrolle des Volksrates stehenden Gebiete mit dem Königreich Serbien zusammenzuschließen. Am 1. Dezember 1918 verlas der Zahnarzt und Vizepräsident des Volksrates, Ante Pavelić (nicht identisch mit dem späteren Ustascha-Führer gleichen Namens), vor Alexander diese Adresse, worauf dieser erklärte:»Im Namen seiner Majestät König Peters I. proklamiere ich die Vereinigung Serbiens mit den Ländern des unabhängigen Staates der Slowenen, Kroaten und Serben zum einheitlichen Königreich der Serben, Kroaten und Slowenen.«

Damit war der gemeinsame Staat auch formell entstanden. Der Geburtsakt hatte aber einige Schönheitsfehler, die sich später im Verhältnis zwischen Serben und Kroaten katastrophal auswirken sollten. In der Adresse der Zagreber Delegation war auf die Dreier-Vereinbarung von Genf nicht Bezug genommen worden. Aus der Anweisung, die der Exekutivausschuß des Volksrates der Delegation für ihr Auftreten in Belgrad mitgegeben hatte, war der Passus weggelassen, daß die Verfassung des neuen Staates mit Zweidrittelmehrheit angenommen werden müsse. Daß der Vereinigungsbeschluß nur vom Exekutivausschuß, nicht aber auch vom Plenum des Volksrates, der die »österreichischen Südslawen« repräsentierte, gefaßt wurde, war auch ein folgenschwerer Fehler. Zumal nicht einmal die vollzogene Vereinigung jemals von einem demokratischen Gremium wie dem kroatischen Landtag ratifiziert wurde.

Im übrigen stammt die Stimme, die im Exekutivausschuß des Volksrates gegen den Vereinigungsbeschluß vom 24. November votierte, von niemand Geringerem als dem populären Führer der Kroatischen Bauernpartei Stjepan Radić. Er erklärte damals, man könne nicht über tausend Jahre kroatischer Geschichte und Eigenstaatlichkeit hinweggehen. Es müsse der gesamte Volksrat die Billigung der Vereinigung festlegen und auch der kroatische Landtag müsse sie sanktionieren. »Wir Kroaten wollen keine andere Staatsordnung als eine föderative«, sagte er.

Die Verfassung, die die Nationalversammlung am 28. Juni 1921 verabschiedete, schuf einen zentralistisch regierten, unitaristischen Staat. Sie nahm die Existenz verschiedener Nationalitäten im neuen Staat nicht zur Kenntnis und ging von einer einzigen Nation in Jugoslawien aus. Das Land wurde in 35 *oblasti* (Verwaltungsbezirke) geteilt, ohne Rücksicht auf historische, ethnische oder kulturelle Gegebenheiten. Die *oblasti* hatten keinerlei Autonomie und waren völlig von den Zentralbehörden in Belgrad abhängig. Von den 419 Abgeordneten der *Skupština* stimmten nur 223 für die Verfassung. 35 stimmten dagegen, 161 enthielten sich der Stimme oder nahmen an der Abstimmung gar nicht teil. Es waren in der Mehrzahl kroatische und slowenische Abgeordnete; die der Kroatischen Bauernpartei Radićs hatten die Beratungen über die Verfassung überhaupt boykottiert.

Weil sie am 28. Juni verabschiedet wurde, erhielt diese erste Verfassung die Bezeichnung »*Vidovdan* (St.-Veits-Tag)-Verfassung«. Es war eine eher makabre Etikettierung, denn am 28. Juni 1389 hatten die Türken auf dem Amselfeld dem serbischen Reich des Mittelalters den Garaus gemacht. Und am 28. Juni 1914 war der österreichische Thronfolger Franz Ferdinand in Sarajevo den Schüssen Gavrilo Princips zum Opfer gefallen, des Mitglieds der Geheimorganisation *Mlada Bosna*, der verlängerte Arm der »Schwarzen Hand« des Dragutin Dimitrijević. Kein gutes Omen für den neuen Staat.

Jugoslawien 1919 bis 1940

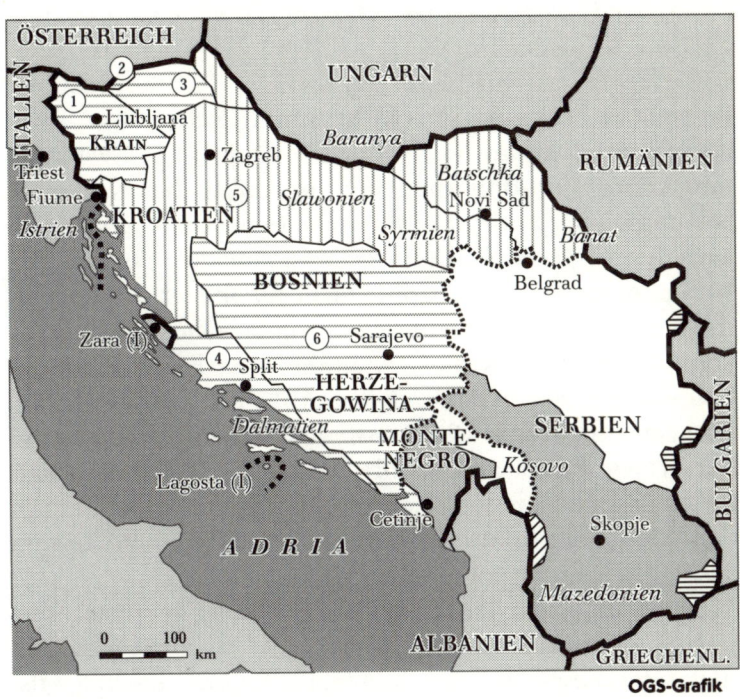

Legende

─────── Grenzen 1919–40

☐ Serbien und Montenegro 1912   ☐▨ Serbien und Montenegro 1914

Gebietsgewinne

▤ von Österreich   ▥ von Ungarn   ▤ von Österreich/Ungarn

① von Krain (1919)   ⑤ Kroatien und   ⑥ Bosnien-Herzegowina
② von Kärnten (1919)   Slawonien (1920)   ▤ von Bulgarien
③ von Steiermark (1919)   ▨ von Albanien
④ Dalmatien (1919)

15

Verschwörungen, Attentate, Morde – auch im neuen Staat Jugoslawien

IM NEU ENTSTANDENEN »KÖNIGREICH SHS«, WIE AUCH im späteren Jugoslawien, blieben die Serben, ihre Dynastie, ihre Armee, ihre Bürokratie und ihre politischen Kräfte die bestimmenden und prägenden Faktoren. Und damit blieb auch der politische Stil der gleiche wie im alten Serbien, das heißt, Entscheidungen wurden nicht auf offener parlamentarischer Bühne gefaßt, sondern in kleinen, geheimen und unkontrollierbaren Zirkeln. Gewalt war in der Politik weiterhin das schlagkräftigste Argument und mit ihr Verschwörung, Attentate und Terror. Die Staatspolizei und der Geheimbund der Armee, die »Weiße Hand«, waren die Säulen des staatlichen Machtapparates. Auf der anderen Seite wurde nach dem Verbot der Kommunistischen Partei, der »Rote Terror« aus der Illegalität heraus aktiv.

Schon am ersten Tag nach der Verkündung der ersten Verfassung des neuen Staates, am 29. Juni 1921, als Prinzregent Alexander durch die Kneza Miloša, die Prunkstraße Belgrads, fuhr, wurde gegen seinen Wagen eine Bombe geschleudert, die aber ihr Ziel verfehlte. Sie traf den folgenden Wagen und tötete einen Offizier aus der Begleitung des Regenten. Der Täter war ein Kommunist, Spasoje Stejić, ein ehemaliger Kriegsfreiwilliger der serbischen Armee, der damit gegen das Verbot der KPJ protestieren wollte. Er wurde zum Tode verurteilt, die Strafe aber später in »lebenslänglich« verwandelt. Während des Zweiten Weltkrieges gelang es ihm, aus dem Gefängnis zu fliehen und sich zu den Tito-Partisanen durchzuschlagen. Er fiel in den Kämpfen in Bosnien.

Kaum einen Monat später hatte ein weiterer Angehöriger der Gruppe »Roter Terror«, die das Regime mit Hilfe von Attentaten stürzen wollte, mehr Erfolg. Dem Tischler Alija Alijagić gelang es am 21. Juli, den verhaßten Innenminister Milorad Drašković zu töten. Der Täter wurde zum Tode verurteilt und hingerichtet. Die Angehörigen des »Roten Terrors« rechtfertigten ihre Aktivitäten ideologisch mit der These, sie könnten den »Weißen Terror«, die Unterdrückungsmaßnahmen des Regimes und seiner Polizei, nur auf diese Weise bekämpfen.

Die »Sankt-Veits-Tag-Verfassung« ging von der Existenz einer südslawischen Nation in dem neuen Staat aus, sie kannte keine Nationalitäten, höchstens »verschiedene Stämme«. Dementsprechend schuf sie einen stark zentralisierten Staat, ohne Rücksicht darauf, daß sich die Landesteile historisch, national, kulturell, religiös und wirtschaftlich stark unterschieden. Nach außen hin war sie eine demokratische Verfassung mit politischen Parteien und einem aus freien und allgemeinen Wahlen hervorgegangenen Parlament. Es war aber weniger das Parlament, die *Skupština*, das die Zusammensetzung und die Politik der Regierung bestimmte, als der König und hinter ihm das Militär bzw. eine Offizierskamarilla (1926 waren von 165 Generälen der Jugoslawischen Armee 161 Serben, 2 Kroaten und 2 Slowenen).

Svetozar Pribičević, der serbische Politiker aus Kroatien, hat errechnet, daß von den 23 Regierungen, die zwischen 1918 und 1929 (Ausrufung der Königsdiktatur) im Amt waren, 21 durch den König zum Rücktritt gezwungen worden waren; und in keinem einzigen Falle ist eine Regierung im Vorkriegsjugoslawien durch ein Mißtrauensvotum des Parlamentes gestürzt worden. Immer hing das Schicksal eines Kabinettes vom König und den Hofkreisen ab.

Mit seinen politischen Widersachern setzte sich König Alexander mit Hilfe der Polizei auseinander. Sein schärfster

Gegner war der Führer der Kroatischen Bauernpartei, Stjepan
Radić, der schon 1919 in einem Memorandum an die Pariser
Friedenskonferenz das Selbstbestimmungsrecht für die Kroaten gefordert hatte. Denn die Kroaten, so lautete seine Argu-
mentation, seien in der ethnographischen Gemeinschaft der
Südslawen »ein eigener Staat und eine eigene nationale Individualität«. Radić sah Jugoslawien als eine Konföderation
dreier Nationen: der Serben, Kroaten und Slowenen.

Als seine Partei beschloß, den Staat SHS unter der Führung der Dynastie der Karadjordjes nicht anzuerkennen, da
er ohne Mandat des kroatischen Volkes und ohne Bestätigung
durch den kroatischen Landtag zustande gekommen sei,
wurden Radić und die gesamte Parteiführung für einige Zeit
ins Gefängnis gesteckt. Das gleiche widerfuhr Radić Ende
1924, nachdem er im Ausland für die kroatischen Forderun-
gen geworben und eine Reorganisation des jugoslawischen
Staates auf der Basis der Gleichberechtigung der Kroaten
gefordert hatte. Die Belgrader Regierung dehnte das berüch-
tigte Gesetz zum Schutze des Staates, auf dessen Basis die
KPJ verboten worden war, auf die Kroatische Bauernpartei
aus, löste diese auf und verbot ihr jede politische Tätigkeit.
Wiederum kamen Radić und die gesamte Parteiführung
sowie Hunderte von kroatischen Aktivisten ins Gefängnis.
Erst nachdem bei Neuwahlen 1925 die Bauernpartei wieder
stärkste Partei in Kroatien wurde, kam es zu einem Kompro-
miß: Radić erkannte die Herrschaft der Karadjordje-Dynastie
und die *Vidovdan*-Verfassung an, die aber nun einvernehm-
lich von Serben, Kroaten und Slowenen revidiert werden
sollte. Die Bauernpartei wurde wieder zugelassen, und Radić
trat sogar als Kultusminister in die von den serbischen Radikalen getragene Regierung ein. Der Frieden dauerte aber
keine zwei Jahre. Radić verließ die Regierung und führte zusammen mit Svetozar Pribičević seinen Kampf gegen den
Belgrader Zentralismus weiter. In Pribičević, der sich von

einem Zentralisten zu einem entschlossenen Föderalisten
gewandelt hatte, hatte Radić einen temperamentvollen Mit-
streiter nicht nur für die Rechte der Kroaten, sondern auch
für die der Serben außerhalb des »Mutterlandes« Serbien
gewonnen.

Das sollte sowohl Radić wie Pribičević zum Verhängnis
werden. Am 20. Juni 1928 erschoß der Abgeordnete der Serbischen Radikalen Partei, der Montenegriner Puniša Račić in
einer Plenarsitzung der Belgrader Nationalversammlung fünf
kroatische Abgeordnete. Zwei davon, Paul Radić, der Neffe
Stjepan Radićs, und Stjepan Basariček waren auf der Stelle
tot, der Führer der Bauernpartei und zwei weitere Abgeordnete erlitten schwere Verletzungen. Stjepan Radić erlag diesen einige Wochen später.

Der Attentäter wurde zwar vor Gericht gebracht und zu
zwanzig Jahren Kerker verurteilt, die Frage aber, ob er Hin-
termänner in Hofkreisen gehabt hatte, und wenn ja, welche,
ist nie geklärt worden. Und das wird auch so bleiben, denn
im Herbst 1944, während des Kampfes um Belgrad, fanden
serbische Tito-Partisanen Puniša Račić in einem Dorf südlich
von Belgrad und brachten ihn in das Lager Banjica, das der
deutschen Besatzungsmacht als KZ gedient hatte. Dort wurde
er erschossen, ohne von den neuen Machthabern noch einmal über die Hintergründe seiner 16 Jahre zurückliegenden
Tat befragt zu werden.

König Alexander jedenfalls dienten der Mord im Parlament und die verfahrene innenpolitische Situation als Vorwand für die Aufhebung der Verfassung, für die Auflösung
des Parlamentes, das Verbot aller politischer Parteien und damit praktisch die Ausrufung der Diktatur. Als Regierungschef
setzte er eine besonders dunkle Figur ein, den Kommandan-
ten der Hofgarde Petar Živković. Das war jener einstige Leut-
nant Živković, der, wie schon erwähnt, 1903 eine wichtige
Rolle bei der Ermordung des Königs Alexander Obrenović

und seiner Gattin Draga gespielt hatte. Später war Živković zum Kopf der »Weißen Hand« aufgerückt. Živković führte ein brutales Polizeiregime ein, das sich vor allem gegen Kommunisten und Kroaten richtete. Während seiner Regierung wurden allein gegen Kommunisten 11 Todesurteile verhängt und 853 Parteimitglieder zu insgesamt 2342 Jahren Zuchthaus verurteilt. Laut kroatischen Quellen ereigneten sich in dieser Zeitspanne rund 400 politische Morde, bei denen die Staatspolizei die Hand mit im Spiel hatte.

An die Stelle von Radić als Führer der Kroatischen Bauernpartei trat Vladko Maček, der Ende 1929 ins Gefängnis kam, aber nach einem halben Jahr auf Grund eines Gerichtsentscheides wieder freigelassen werden mußte. Als die Bauernpartei und die Demokraten (Pribičević) aber 1932 in den sogenannten »Agramer Punktationen« die Königsdiktatur verurteilten und eine föderalistische Umgestaltung Jugoslawiens forderten, wurde Maček erneut verhaftet und zu drei Jahren Zuchthaus verurteilt.

Svetozar Pribičević war schon im Sommer 1929 gefangengenommen und ein Jahr lang in einem armseligen serbischen Dorf interniert worden, ohne daß er jemals verurteilt oder die Öffentlichkeit über sein Schicksal informiert worden wäre. Erst als er lebensgefährlich erkrankte, brachte man ihn in ein Belgrader Krankenhaus, wo er aufs schärfste bewacht wurde. Als er zurückgebracht werden sollte, trat er in den Hungerstreik, der dann seine Freunde, auch die im Ausland, mobilisierte. Auch der tschechoslowakische Staatspräsident Masaryk soll für ihn interveniert haben. Jedenfalls kam er 1931 frei und ging in die Emigration nach Prag.

Es war also, wie gesagt, ein reines Polizeiregime, das in den ersten Jahren der Königsdiktatur in Jugoslawien herrschte. Die Bürgerrechte waren aufgehoben oder existierten nur auf dem Papier, es gab keine unabhängigen Gerichte, ein königliches Dekret ermöglichte die Deportation und

Internierung politisch Mißliebiger ohne jedes Gerichtsurteil. Die Polizei konnte schalten und walten, wie es ihr beliebte. Ante Trumbić, als Mitbegründer und erster Außenminister des SHS-Staates, ein durchaus unvoreingenommener Zeuge, liefert in einem Memorandum, das allerdings erst nach dem Zweiten Weltkrieg veröffentlicht werden sollte, ein erschütterndes Bild der Zustände im Jugoslawien der Königsdiktatur. Auf der Basis des neuen Staatsschutz-Gesetzes füllen sich die Gefängnisse mit Verhafteten, denen »feindliche Propagandatätigkeit« vorgeworfen wird. Bestraft werde, so berichtet Trumbić, jede Bagatelle, die von der Polizei als feindliche Propaganda eingestuft werde. »Es werden Taten bestraft, die nach dem Strafgesetz überhaupt nicht strafbar sind ... und das mit Gefängnisstrafen bis zu 20 Jahren oder mit ›lebenslänglich‹, oder auch mit dem Galgen. Die polizeilichen Ermittlungen gelten auf Grund eines besonderen Gesetzes als Gerichtsuntersuchungen ... die Tortur, vielfältig, raffiniert und blutig, ist ein übliches Mittel des Terrors, mit dem Geständnisse erzwungen werden. Falls es notwendig erscheint, werden Häftlinge auch getötet ... auch auf der Straße wird straflos gemordet und, obwohl die Mörder bekannt sind, werden sie nicht gestellt.«

16

Alexander der Einiger?

WENIG ERGIEBIG SIND DIE QUELLEN ÜBER ALEXANDER Karadjordjević, König der Jugoslawen. Immerhin wurde unter seiner Herrschaft Jugoslawien geschaffen, der gemeinsame Staat der südslawischen Völker, mit Ausnahme der Bulgaren. Aber schon hier stellt sich die Frage: War dieses Jugoslawien, an dessen Spitze König Alexander stand, tatsächlich der gemeinsame Staat der südslawischen Völker, oder war er nicht in Wahrheit eine Art Groß-Serbien, in dem eben nur die Serben das Sagen hatten? Wie war es mit Alexanders Einfluß auf die innere Ordnung dieses neuen Staates bestellt, welche historische Rolle hat er dabei gespielt?

Und abgesehen vom Politischen: War er eine Herrscherfigur, mit der sich seine Untertanen identifizierten oder zumindest beschäftigten? Hat man sich Anekdoten über ihn erzählt, über diesen oder jenen sympathischen oder zweifelhaften Charakterzug, über seine Launen und Vorlieben? Haben seine Persönlichkeit und sein Auftreten in den Kriegen seiner Zeit das Volk zu Liedern inspiriert, wie das bei den Serben bis heute mit seinen Führern immer wieder der Fall ist? Eher nein, dem stand seine politische und persönliche Korrektheit, manche sagen »Farblosigkeit«, entgegen.

Trotzdem muß man ihn zu den Figuren zählen, die das Geschick der serbischen Nation wesentlich mitgestaltet haben, vielleicht weniger durch bewußtes Handeln als vielmehr durch eine gewisse Zögerlichkeit, sich den Herausforderungen seiner Zeit zu stellen.

Alexander war der zweite Sohn König Peters, der 1903, nach der Ermordung von Alexander Obrenović, des letzten

Königs dieser Dynastie, auf den serbischen Thron berufen
worden war. Eigentlich hätte Djordje (Georg), der erstgebo-
rene Sohn, der Nachfolger Peters werden müssen, er wurde
aber, wie es hieß, wegen seines zügellosen und gewalttätigen
Charakters von der Thronfolge ausgeschlossen. Alexander
trat an seine Stelle, zuerst 1914 als Prinzregent noch während
der nominellen Herrschaft seines Vaters, dann 1921 nach dessen Tod als König.

Peter war ein äußerst populärer Herrscher gewesen. Als
noch die Obrenović regierten, hatte er hauptsächlich in
Frankreich gelebt, wo er seine militärische Ausbildung absol-
viert und im Deutsch-Französischen Krieg auf der Seite
Frankreichs gekämpft hatte. Dabei wäre er beinahe in deutsche Kriegsgefangenschaft geraten, doch konnte er sich retten, indem er zu nächtlicher Stunde die eiskalte Loire durch-
schwamm. Sein Rheumatismus der späteren Jahre soll laut
Volksmund auf diesen mutigen Entschluß zurückgehen. Zu
seiner Popularität trug vor allem aber sein Einsatz im bosnischen Aufstand auf seiten der christlichen Aufständischen gegen die türkische Herrschaft bei. Er blieb auch als König seinen Gewohnheiten treu, mischte sich ohne jeden Schutz
unter das Volk; trank in den Kneipen mit den gewöhnlichen
Leuten ihren Sliwowitz, und während des Krieges war er immer wieder in den Schützengräben bei den einfachen Soldaten zu sehen.

Alexander hingegen genoß eine »ordentliche« Erziehung,
obwohl seine Mutter, eine Tochter König Nikolas von Montenegro, schon bald nach seiner Geburt gestorben war. Mit
zehn Jahren kam er nach St. Petersburg ins Pagenkorps. Im
zaristischen Rußland erhielt er seine erste militärische Ausbildung. Acht Jahre blieb er in St. Petersburg, und als er wieder ins kleine Serbien zurückkehrte, wurde hauptsächlich auf
seine militärische Karriere Wert gelegt. Bei Ausbruch des ersten Balkankrieges, 1912, hatte er den Rang eines Obersten,

avancierte aber schnell zum General und Kommandeur der
Ersten Armee, die in der Schlacht von Kumanovo einen entscheidenden Sieg über die Türken errang. Thronfolger Alexander erntete die Lorbeeren dieses Erfolges, obwohl er eher
den Generälen Putnik, Stefanović und Mišić zuzuschreiben
ist. Aber der 26 Jahre alte Alexander hatte sich als furchtloser
Soldat erwiesen, und das trug zu seinem späteren, hauptsächlich militärischen Erscheinungsbild bei. Zumal er es liebte,
bei feierlichen Anlässen in Uniform aufzutreten.

Sonst war er aber ein eher nüchterner Mensch. Er hatte
nichts an sich, was ihn in den Augen der Serben populär gemacht hätte. Kein martialischer Schnauzbart wie der seines
Vaters Peter zierte sein Gesicht, auch trug er keinen Vollbart,
der ihm Würde gegeben hätte, wie dem langjährigen Ministerpräsidenten Nikola Pašić. Mit seinem glatten Gesicht sah
er eher aus wie ein amerikanischer Geschäftsmann, vermerkt
sein britischer Biograph Stephen Graham.

Seine Lebensgewohnheiten waren ebenfalls »unserbisch«.
Er trank kaum Alkohol, höchstens ein Glas Wein zum Mit-
tagessen und eines am Abend. Das Nationalgetränk der Serben, die Rakija, den Sliwowitz, scheint er verabscheut zu
haben. Er nippte daran, wenn es absolut nicht zu vermeiden
war. Allerdings war er Kettenraucher.

Er liebte Bücher, besonders wertvolle, schön ausgestattete
Ausgaben. Ob er auch alles las, was er sich kommen ließ,
bleibt dahingestellt; für seine Bibliothek suchte er vor allem
nach seltenen Drucken, und er hätte, wenn es nach ihm gegangen wäre, in den Antiquariaten in und außerhalb Jugoslawiens viel mehr Zeit verbracht als es ihm auf Grund seiner
Stellung möglich war.

Im Umgang mit seiner Umgebung, seiner Familie, aber
auch mit Politikern und Ministern, blieb er äußerst sachlich;
weitschweifige Diskussionen, zu denen viele Serben auch in
gehobener Stellung neigen, ließ er nicht zu. Er konnte schroff

bis zur Grobheit sein. Den 82jährigen Nikola Pašić, dem Alexander im Grunde genommen seinen Thron verdankte, beleidigte er in einem Gespräch über die Neubildung der Regierung im Oktober 1926 so rücksichtslos, daß der alte Staatsmann in der darauffolgenden Nacht an einem Herzschlag starb.

Alexander aber hatte bei alldem auch seine königliche Würde, und dieser brachte die einfache Bevölkerung, ob Serben, Kroaten, Slowenen oder Muslime, den Respekt entgegen, den sie dem Monarchen schuldig zu sein glaubte, aber nicht mehr.

Alexander hatte es politisch nicht leicht. Als serbischer Monarch aufgewachsen und erzogen, stand er 1918 an der Spitze eines Vielvölkerstaates, für dessen Lenkung er keine Voraussetzungen mitbrachte. Vor der Entstehung des »Königreiches der Serben, Kroaten und Slowenen«, wie Jugoslawien in den ersten zehn Jahren seiner Existenz hieß, hatte er keinerlei Beziehung zu Kroaten oder Slowenen gehabt. Sie waren für ihn weniger slawische Brüder als Untertanen eines, wie er meinte, feindlich gesinnten Staates, der Habsburgermonarchie. Außerdem war der neue Staat von vornherein dadurch belastet, daß gewisse Absprachen, die in den beiden letzten Kriegsjahren zwischen der serbischen Regierung, der Vertretung der Kroaten und Slowenen bei der Entente und den Repräsentanten der Südslawen in der Donaumonarchie getroffen worden waren, zum größten Teil nicht eingehalten wurden. Statt eines föderativen Staates mit weitgehender Dezentralisierung war ein unitaristisches Gebilde mit straffer Zentralgewalt entstanden – eine Konstruktion, die den Gegensatz vor allem zwischen Serben und Kroaten verschärfen mußte. Alexander war nicht der Monarch, der in der Lage gewesen wäre, einen Ausgleich zwischen diesen beiden wichtigsten Völkern seines Staates herbeizuführen.

In den ersten Jahren seiner Herrschaft versuchte er zwischen den Parteien im Parlament nach »guter balkanischer Art« zu taktieren und zu intrigieren, was aber zu nichts führte und das Verhältnis zwischen Belgrad und Zagreb nur verschlimmerte. Bis dann am 20. Juni 1928 die Katastrophe eintrat: Die Schüsse des montenegrinischen Abgeordneten Puniša Račić, Mitglied der Serbischen Radikalen Partei, während einer Plenarsitzung des Parlamentes auf fünf kroatische Abgeordnete. Der Staat war daraufhin politisch lahmgelegt. Der König versuchte noch, eine Regierung unter Leitung des slowenischen Prälaten Korošec zustande zu bringen, aber vergeblich. Und dann trat die zweite Katastrophe ein: Alexander setzte die Verfassung außer Kraft und proklamierte die Diktatur.

Mit dem blutigen, schon oben beschriebenen Polizeiterror griff auch auf der anderen, hauptsächlich kroatischen Seite, die Radikalisierung um sich. Einen Tag nach der Ausrufung der Königsdiktatur, am 6. Januar 1929, gründete in Zagreb der Anwalt Ante Pavelić die »Revolutionäre Kroatische Aufstandsorganisation« kurz »Ustascha« genannt. Er wurde ihr *poglavnik* (oberster Führer) und ging sofort ins Ausland.

Die Ustascha war weniger eine politische als eine terroristische Organisation mit internationalen Kontakten nach Ungarn, Italien und zur mazedonischen IMRO in Bulgarien, der »Inneren Mazedonischen Revolutionären Organisation«, die die Loslösung Mazedoniens von Jugoslawien anstrebte.

Fünf Jahre nach Gründung der Ustascha fiel König Alexander am 9. Oktober 1934 in Marseille bei einem Staatsbesuch in Frankreich ihrem Mörderkommando zum Opfer. Es war ein perfekt organisierter Anschlag des damaligen internationalen Terrorismus. Denn der Mann, der den König und den französischen Außenminister Louis Barthou erschoß, war ein Bulgare, genannt »Vlada, der Chauffeur«. Er war der bewährteste Killer des IMRO-Führers Ivan Mihajlov. Der Mörder wurde bei dem Attentat ebenfalls getötet.

Oft ist die Frage gestellt worden: Hätte König Alexander, wäre er nicht ein Opfer der Ustascha geworden, von sich aus der Diktatur ein Ende gesetzt? In den letzen Wochen vor seinem Tod hatte er angeblich zu erkennen gegeben, daß er den Polizeistaat für eine Sackgasse hielt und nach einem Ausweg suchte. Dafür gibt es einige Hinweise aus den Kreisen damaliger serbischer Politiker, nicht zuletzt auch in den Memoiren des späteren Ministerpräsidenten Milan Stojadinović. Daraus läßt sich allerdings auch schließen, daß Alexander als Lösung wieder nur Allianzen mit den Führern politischer Parteien sah. Nichts deutet darauf hin, daß Alexander erkannt hätte, daß es nicht um diese oder jene Regierungskombination ging, sondern darum, den Staat auf neue Grundlagen zu stellen. Dazu fehlte ihm die politische Phantasie, und selbst wenn er sie gehabt hätte, wäre er nicht die Persönlichkeit gewesen, sie durchzusetzen. Er war zu sprunghaft und zu inkonsequent. Nach dem Mordanschlag auf die kroatischen Führer in der Skupština hatte er Stjepan Radić versprochen, ihn nach der Genesung als Regierungschef einzusetzen. Andererseits verbreitete er gegenüber anderen Politikern das Gerücht einer Trennung von Serben und Kroaten, die, wie er gegenüber Svetozar Pribičević erklärte, eben nicht zusammen leben könnten. Er würde niemals einem Föderalismus zustimmen. Mit dem, was nach einer Trennung bliebe, würde man »wenigstens einen soliden serbischen Staat haben«, sagte er laut Pribičević, der über diese Unterredung in seinen Memoiren berichtet. Darin heißt es außerdem, daß von 23 Regierungskrisen zwischen 1919 und 1929 nur zwei vom Parlament ausgegangen wären. »Alle anderen Krisen wurden vom König oder von seiner Umgebung und nach seinen Anweisungen provoziert.«

Ist es also gerechtfertigt, von »Alexander dem Einiger« zu sprechen, wie es manche serbische Historiker tun? Keineswegs. Alexander Karadjordjević war kein Einiger der Völker seines Reiches.

17

Eine Internationale des Terrors

DER BALKAN WÄRE NICHT DER BALKAN, WENN POLIZEI-
terror nicht durch Terror aus dem Untergrund beantwortet
worden wäre.

Mit der Gründung der Ustascha sollte auch die kroatische
Frage mit Gewalt gelöst werden.

Ihr Initiator Ante Pavelić kam aus der Kroatischen Rechts-
partei, die 1918 den SHS-Staat abgelehnt hatte, weil das kroatische Volk nicht befragt worden sei. Sie strebte die Vereinigung aller kroatischen Gebiete und auch Bosniens und der
Herzegowina in einem unabhängigen Staat an.

Das Vorbild der Ustascha waren, wie schon erwähnt, die
Terroristen der mazedonischen Freiheitsbewegung IMRO.
Pavelić hatte des öfteren IMRO-Leute vor jugoslawischen
Gerichten verteidigt.

Drei Tage nach der Ausrufung der Königsdiktatur floh
Pavelić ins Ausland. Über Wien und Sofia gelangte er nach
Italien, wo er in Bologna unter dem Schutz Mussolinis sein
Hauptquartier aufschlug. In Ungarn, nahe der Grenze zu
Jugoslawien, im Lager Jankapuszta, erhielten die Ustascha-
Terroristen ihre Ausbildung. Zwischen der IMRO und der
Ustascha entwickelte sich eine enge Zusammenarbeit, deren
prominentestes Opfer schließlich König Alexander werden
sollte.

Mihajlov und Pavelić hatten das Attentat verabredet, wobei
letzterer die Organisation des Anschlags übernahm. Pavelić
wurde in Frankreich in Abwesenheit auch zum Tode verurteilt, Mussolinis Italien verweigerte aber die Auslieferung mit
der Begründung, daß es sich um ein politisches Verbrechen

gehandelt habe. 1941, nach der Zerschlagung Jugoslawiens durch Hitler-Deutschland und das faschistische Italien, wurde Pavelić *Poglavnik*, Staatsoberhaupt eines formell unabhängigen kroatischen Staates, der aber völlig von Hitlers und Mussolinis Gnaden abhing. Als der Krieg zu Ende war und diese beiden Diktatoren von der europäischen Bühne verschwanden, war es auch mit dem selbständigen Kroatien vorbei. Pavelić entzog sich seinen Richtern und Rächern, indem er in Lateinamerika untertauchte.

In den vier Jahren der Existenz des Pavelić-Staates hatten aber die Ustaschas, eine Art SS, Zeit gehabt, unter den Serben in Kroatien zu wüten. Als Vorwand für ihre Mordaktionen diente ihnen die antikroatische Repressionspolitik der serbischen Polizei während der Königsdiktatur. Darüber hinaus spielten eindeutig religiöse Motive mit, denn sie richteten sich gegen die Angehörigen der serbisch-orthodoxen Kirche, die ihr Leben oft nur dadurch retten konnten, daß sie zum Katholizismus übertraten.

Die deutsche Besatzungsmacht versuchte einerseits die antiserbischen Aktionen der Ustaschas zu bremsen, weil die Serben in Kroatien und Bosnien dadurch in die Arme der königstreuen Četniks oder der kommunistischen Partisanen getrieben wurden. Andererseits ließ sie die Ustaschas aber gewähren, weil diese gleichzeitig auch die Juden und Zigeuner verfolgten.

Über die Zahl der serbischen und auch der Juden- und Roma-Opfer tobt noch heute ein erbitterter Streit zwischen Belgrad und Zagreb. Vor allem um die Zahl der getöteten Serben im Vernichtungslager Jasenovac gab und gibt es heftige Auseinandersetzungen, in die auch der jetzige Präsident Kroatiens, General Franjo Tudjman, einbezogen wurde. Er hatte noch zu Zeiten des Tito-Regimes die von serbischer Seite genannte Zahl der Opfer, etwa 700.000, öffentlich in Zweifel gezogen.

Der Teufelskreis von Vernichtung und Vergeltung war aber auch fünfzig Jahre nach dem Zweiten Weltkrieg noch nicht zu Ende. Beim Zerfall Jugoslawiens rechtfertigten die Serben in Kroatien und in Bosnien, unterstützt von der jugoslawischen Armee, ihre Politik der »ethnischen Säuberungen« mit den Verfolgungen durch die Ustaschas.

18

Die Serben und die jugoslawische Idee

Die Idee von der Gemeinschaft aller südslawischen Völker ist nicht in Serbien geboren worden. Sie entstand im Zuge eines aufkeimenden Nationalismus der slawischen Völker in der ersten Hälfte des 19. Jahrhunderts. Vor allem waren es die Kroaten, die sich dafür engagierten, in geringerem Maße auch die Slowenen und die Serben in Dalmatien, also vor allem die Südslawen im Habsburgerreich.

Diese Bewegung bezeichnete sich zuerst als »illyrisch« – nach den Ureinwohnern des westlichen Teils des Balkans von Albanien im Süden bis in das heutige Kroatien und Slowenien. Sie schloß zunächst auch die Bulgaren mit ein. Ihr Bannerträger war Ljudevit Gaj, der Erneuerer des kroatischen Nationalbewußtseins – die heutige kroatische Nationalhymne *Lijepa naša domovino* (Du unser schönes Vaterland) leitet sich aus einem Gedicht ab, das seine Zeitschrift *Danica Horvatska* (Kroatischer Morgenstern) 1835 veröffentlicht hatte. 1836 ersetzte Gaj die Bezeichnung »kroatisch« durch das Wort »illyrisch« für seine Bewegung. Er vertrat die These, die Illyrer seien der gemeinsame Ursprung der südslawischen Völkerschaften gewesen, und diese könnten durch diese gemeinsamen historischen Wurzeln wieder zu einem Volk zusammengeführt werden. Auch versprach er sich davon Impulse für seine kroatischen Erneuerungsbestrebungen. Aber er stieß weder bei den Serben und Bulgaren, noch bei den Slowenen auf viel Begeisterung mit seinen romantischen Ideen. Nach den revolutionären Entwicklungen des Jahres 1848, in deren Strudel auch Kroatien und die Vojvodina gerieten, traten sie in den Hintergrund.

In den sechziger und siebziger Jahren des vorigen Jahrhunderts wurde dann der »Illyrismus« durch den »Jugoslawismus« ersetzt. Auch diese Bewegung ging von dem damaligen »Dreieinigen Königreich Kroatien« in der Habsburgermonarchie aus. Ihr Hauptträger war der Bischof von Djakovo, Josip Juraj Strossmayer, der in seinem Programm von 1874 für eine Vereinigung von Kroaten, Serben, Bulgaren und Slowenen zu einer »unabhängigen und freien nationalen südslawischen Staatsgemeinschaft« eintrat. Darin sollten die einzelnen Volksstämme in jeder Hinsicht gleichberechtigt sein, betonte er. In der Staatsgemeinschaft müßten ihre »staatliche Selbständigkeit« und »die Selbstverwaltungsrechte ihrer einzelnen Länder« als unverletzlich gelten.

Strossmayer sprach zwar gelegentlich von einem »jugoslawischen Volk«, meinte aber offensichtlich, daß es sich aus vier individuellen Ethnien unterschiedlicher nationaler Vergangenheit zusammensetze. Er stellte sich eine jugoslawische Staatengemeinschaft gleichberechtigter Teile und nicht einen zentralistischen Einheitsstaat vor. Den Schwerpunkt dieser Konföderation sah er zweifellos in Kroatien. Deshalb gründete er auch die »Jugoslawische Akademie der Wissenschaften und Künste« in Zagreb.

Im Fürstentum Serbien, seit 1882 Königreich, sah man den »Jugoslawismus« anders. Ebenso bei einem Teil der Serben in Kroatien, in Dalmatien und in der Vojvodina, also im Habsburgerreich. Für die Serben war der kleine, aber immerhin schon weitgehend selbständige Staat Serbien mit Belgrad als Hauptstadt der Mittelpunkt der Bewegung, die ein jugoslawisches, von Österreich wie von Rußland unabhängiges staatliches Gebilde anstrebte. Dieses Programm war in dem oben schon erwähnten Dokument *Načertanje* (Aufzeichnung) des damaligen serbischen Innenministers Ilija Garašanin formuliert und enthielt geheime Anweisungen für die großserbische Propaganda in den noch unter türkischer und öster-

reichischer Hoheit stehenden Regionen mit einer starken slawischen Bevölkerung. Um Serbien herum sollte ein jugoslawischer Staat gebildet werden, einschließlich Bosnien-Herzegowinas, Dalmatiens, Montenegros und Nordalbaniens.
Auch die katholischen Kroaten sollten für dieses serbische
Konzept eines jugoslawischen Staates gewonnen werden,
ausgehend von der Idee des serbischen Sprachreformers Vuk
Karadžić von »einem Volk und einer Sprache«.

Garašanin begnügte sich aber nicht mit der ideologischen
Begründung des Jugoslawentums groß-serbischer Prägung,
er schuf auch die organisatorische Basis für seine Verbreitung.
Unterstützt von Fürst Alexander I. Karadjordjević baute er
eine Geheimorganisation auf, die den ganzen Balkan mit
einem engmaschigen Agentennetz überzog. Später, als man
erkannte, daß sich im noch türkischen Teil des Balkans die
Bauernaufstände vorzüglich für die großserbischen Ziele
benützen ließen, bekam das Werk *Načertanje* noch eine Ergänzung durch eine »Anleitung zum Guerillakrieg«, wobei
sich die Verfasser auf polnische Vorlagen stützten. Das alles
führte schließlich dazu, daß man innerhalb der jugoslawischen Bewegung Serbien als das »Piemont der Südslawen«,
also die Keimzelle des zukünftigen Staates Jugoslawien, sah.
1866/67 kam es dann zu persönlichen Kontakten der beiden
sehr gegensätzlichen Verfechter des Jugoslawentums, des
Kroaten Strossmayer und des Serben Garašanin. Das Ziel war
eine gemeinsame Aktion zur Schaffung eines von der Türkei
wie von Österreich unabhängigen jugoslawischen Staates auf
der Basis einer gemeinsamen Nationalität.

Für die praktische Politik hatte diese Fühlungnahme
zunächst aber keine Bedeutung. Auch nachdem der Österreichisch-Ungarische Ausgleich 1867 und die Schaffung der
Doppelmonarchie bei Kroaten und Slowenen gleichermaßen
eine tiefe Enttäuschung bewirkt hatte, weil außer der deutschen und der ungarischen keine dritte – slawische – Säule

für die Donaumonarchie vorgesehen war, blieb das Mißtrauen zwischen Zagreb und Belgrad bestehen. Die Kroaten,
auch Strossmayer, sahen in Serbien ein unterentwickeltes
Land, das sich nicht als Brennpunkt einer Befreiung der
jugoslawischen Völker eignete. Garašanin wiederum sprach
den Kroaten das Recht ab, die Südslawen im Habsburgerreich um sich zu scharen. So überschattete der serbisch-kroa-
tische Gegensatz den Jugoslawismus von allem Anfang an.

19

Seit wann gibt es die »serbische Frage«?

»DIE SERBISCHE FRAGE« GIBT ES NICHT ERST SEIT DEM Tode Titos und dem einsetzenden Zerfall Jugoslawiens. Es gab sie von dem Augenblick an, da die Idee aufkam, die südslawischen Völker in einer staatlichen Gemeinschaft zu vereinen. Was ist genau darunter zu verstehen? »Die serbische Frage« umfaßt das Verhältnis der Serben zur jugoslawischen Idee, zu den anderen slawischen Völkern im Südosten und ihre Rolle in einer tragfähigen politischen Ordnung auf dem Balkan. Im Grunde genommen geht es dabei um das Selbstverständnis der Serben.

Es gab Jahrzehnte, in denen sie überhaupt nicht gestellt wurde. Es gab historische Momente, in denen sie plötzlich an Aktualität gewann, und es gab Perioden, in denen sie bewußt unterdrückt wurde.

Im Staate Titos wurde sie durch den schon erwähnten Dobrica Ćosić 1967 vor einem Parteigremium erstmals ins Spiel gebracht, indem er von einer existentiellen Bedrohung der Serben und des Serbentums durch den »albanischen Nationalismus« im Kosovo sprach. Von dieser Äußerung aber nahm damals außerhalb der politischen Führung nur ein kleiner Kreis serbischer Intellektueller wirklich Notiz. Die breitere Öffentlichkeit, nicht nur in Serbien, auch in den anderen jugoslawischen Teilrepubliken, blieb davon zunächst unberührt. Nicht zuletzt deshalb, weil die Parteiinstanzen, die serbischen wie die jugoslawischen, das Thema für eine öffentliche Diskussion als zu heikel betrachteten und es zunächst intern klären wollten.

In Gesprächen mit dem Journalisten Slavoljub Djukić – sie sind unter dem Titel *Čovek u svom vremenu* (Der Mensch in seiner Zeit) in Buchform erschienen – definiert Ćosić »die serbische Frage« folgendermaßen: »Ganz allgemein gesagt – es ist die Forderung nach Gleichberechtigung der serbischen Nation und ihrer Republik in Jugoslawien, nach Anerkennung der Menschen- und der Bürgerrechte der Serben, wo immer diese in Jugoslawien leben; es ist die Forderung nach einer Gesellschaft, in der der Bürger und nicht die Nation die Grundlage des Staates wäre. Wenn wir nicht bereit sind, einen Staat der freien Bürger zu schaffen, dann ist der Sozialismus nur ein stalinistisches Projekt. Der Staat der freien Bürger, das bedeutet einen einheitlichen Rechtsstaat und vor allem die Gleichberechtigung aller Nationalitäten auf dem Gebiet Jugoslawiens. Die serbische Frage betrachte ich als eine demokratische Frage, und deshalb muß man, meiner Meinung nach, alle menschlichen individuellen Werte über die nationale Zugehörigkeit stellen. Absolut alle! Die Nationalität ist primär eine Eigenschaft, die durch die Geburt gegeben wird und kann kein gesellschaftlicher Wert an sich sein. Wir aber haben eben eine Ordnung geschaffen, in der die Nationalität ein Wert an sich ist, ein Wert über allen bürgerlichen Werten und ein Recht über allen Rechten ... Wenn ich mich für den serbischen Staat einsetze, dann setze ich mich für ihn nicht ein, weil er national sein soll, sondern weil er demokratisch sein soll. Wenn ich für Jugoslawien eintrete, so will ich ausschließlich ein demokratisches Jugoslawien oder überhaupt kein Jugoslawien. Ich bin also für eine Gesellschaft, in der die menschliche Persönlichkeit, das Individuum, der Bürger und nicht die Nation, die Klasse, die Konfession, das Grundpostulat der Gemeinschaft sind.«

War »die serbische Frage« also nichts anderes als ein Problem der Demokratie in einem Einparteienstaat kommunistischer Prägung mit einem charismatischen autoritären Führer an der Spitze? Hatten nicht auch die übrigen Nationen im jugoslawischen Vielvölkerstaat dieses Problem? Wäre die Umwandlung Tito-Jugoslawiens in einen demokratisch-pluralistischen Staat nicht auch Sache aller seiner Völker und nicht nur der Serben gewesen? Ćosić aber sieht nur die serbische Seite des Problems.

An diesen Punkt rührte in den 1977 geführten Gesprächen auch Slavoljub Djukić, er erinnerte Ćosić daran, daß die Öffentlichkeit ihn seit Jahren als nationalen Ideologen erlebe. Die Leute sähen in ihm einen Menschen, der als Sprachrohr des nationalen Bewußtseins, als Vertreter der nationalen Interessen und Rechte der Serben auftrete und damit eben eine nationale Ideologie verkörpere. Ćosić, von der breiten Öffentlichkeit als »Vater der Nation« bezeichnet, antwortete darauf, er sei sich dieser Wirkung seiner Person und seines Werkes bewußt. Er lehne diese Rolle jedoch ab.

Immerhin, so beharrte Djukić auf seiner Fragestellung, spüre man bei Ćosić das starke Bedürfnis, die eigenen Gefühle und Vorstellungen von der Lage der serbischen Nation und ihres historischen Schicksals zum Ausdruck zu bringen. Ćosić meinte darauf, er sehe sich verpflichtet, die Erkenntnisse, die er als Schriftsteller beim Studium der serbischen Geschichte erworben habe, nicht nur in seinen Romanen auszudrücken, sondern auch bei anderen Gelegenheiten, bei öffentlichen Auftritten und in journalistischen Arbeiten.

In diesem Sinne hat Ćosić, abgesehen von seiner Definition der »serbischen Frage«, vor allem mit dem Ausspruch Aufsehen erregt, die Serben seien immer »Sieger im Krieg und Verlierer im Frieden«. Das gelte von allen Kriegen im 20. Jahrhundert, von den Balkankriegen 1912/13 wie vom Ersten und Zweiten Weltkrieg. »In diesen historischen Ereignissen«, so sagte er 1977 vor der Serbischen Akademie, »sehe ich die Tragödie der Existenz der serbischen Nation. Dieses Volk hat eine tragische Existenz, in dem es für seine Vereinigung gekämpft und die Trennung erlebt hat; es kämpfte für die Republik und bekam die Monarchie; es wollte Freiheit und landete in der Diktatur; es kämpfte für europäische Werte und den Fortschritt und blieb eines der rückständigsten Völker auf dem Balkan«.

Ob diese nationalegozentrische Schau des historischen Schicksals der Serben ihre Berechtigung hat, wird uns noch ausgiebig beschäftigen. Vor allem wird sich die Frage stellen, inwieweit sie in objektiven historischen Ereignissen oder auch im nationalen Charakter der Serben ihre Ursachen hat.

20

Serben und Russen – traditionelle Freunde?

WENN IN DEN MEDIEN AUS IRGENDEINEM AKTUELLEN Anlaß von den Beziehungen zwischen Rußland und Serbien die Rede ist, dann werden diese Beziehungen geradezu routinemäßig als »traditionell gut« bezeichnet. Worauf einem sofort die Worte des einstigen österreichischen Bundeskanzlers Bruno Kreisky in Erinnerung kommen, der auf die törichte Frage eines Reporters mit den Worten reagierte: »Lernen Sie Geschichte, Herr Redakteur.«

Aber was will man schon von einem Reporter verlangen, der am Vormittag über eine Massenkarambolage auf der Autobahn zu berichten und am Nachmittag den Regierungschef zu einem außenpolitischen Thema zu befragen hat. Schließlich scheint ja Lord Owen, britischer Ex-Außenminister und Ex-Vermittler im Jugoslawien-Konflikt, es auch nicht besser zu wissen. In einem Vortrag im November 1993 sprach er davon, daß die Serben die »traditionellen Verbündeten Rußlands« seien. Da kann man mit Bruno Kreisky nur sagen: »Lernen Sie Geschichte, Herr Minister.«

Denn es ist in der Tat so, daß die Beziehungen zwischen Rußland und den Serben in den letzten zwei Jahrhunderten viel größeren Schwankungen unterworfen waren, als etwa die zwischen Rußland und den Bulgaren. Bereits mit dem Frieden von Küchük Kainardschi aus dem Jahre 1774, in dem die Hohe Pforte dem russischen Zaren das Protektorat über die orthodoxen Christen in ihrem europäischen Herrschaftsbereich einräumte, und der sich für die Balkanpolitik des Zarenreiches von höchster Bedeutung erwies, waren Konflikte vorprogrammiert. Die entsprechende Klausel in dem Friedensvertrag war nämlich so vage formuliert, daß sie die verschiedensten Interpretationen zuließ. Die Russen jedenfalls leiteten davon das Recht ab, in die inneren Angelegenheiten des Osmanischen Reiches einzugreifen, wenn sie der Meinung waren, daß die orthodoxe christliche Bevölkerung durch irgendwelche Maßnahmen der Hohen Pforte in ihren Freiheiten beeinträchtigt würde.

Die Schutzfunktion Rußlands bezog sich aber nicht allein auf die Serben, sie galt gleichermaßen für die Rumänen in den Donaufürstentümern Walachei und Moldau, für die Bulgaren und auch für die Griechen innerhalb des Osmanischen Reiches.

Politisch akut wurde diese bevorzugte Stellung der Russen aber erst mit Beginn des 19. Jahrhunderts. Als sich, wie schon erwähnt, 1804 die serbischen Bauern im Belgrader Paschalik gegen Terror und Willkür der lokalen türkischen Behörden und den Terror der türkischen Soldateska erhoben, wandte sich ihr Führer Djordje Karadjordjević an die Russen um Hilfe. Zar Alexander I. war, wie gesagt, nicht allzu begeistert von diesem Ersuchen, ihm bereitete Napoleon und seine Politik im Mittelmeer größere Sorgen. Er war nicht bereit, die europäischen Interessen Rußlands durch ein Engagement auf dem Balkan in Frage zu stellen. Immerhin versorgte er die serbischen Aufständischen mit Waffen, schickte ihnen Offiziere und versprach ihnen diplomatische Unterstützung beim Sultan.

1807 kam es zwischen Russen und Serben zu einer Art Bündnisvertrag, der aber niemals praktisch umgesetzt wurde, weil die Russen, mit Rücksicht auf die durch Napoleon ausgelösten Entwicklungen in Zentraleuropa am Frieden mit dem Omanischen Reich interessiert waren. Im Vertrag von Bukarest 1812 setzten die Russen zwar durch, daß die Türken den Serben Autonomie versprachen, aber die Türken hielten sich nicht an diese Zusage. Sie wußten, daß die Russen, die mit einem Einmarsch Napoleons in Rußland rechnen mußten, kein Interesse an einer Verteidigung der Serben haben würden. Sie erstickten daher den Ersten Serbischen Aufstand in Blut und Asche. Miloš Obrenović, dem Führer des Zweiten Serbischen Aufstandes, gelang es durch seine Diplomatie, von den Türken eine beschränkte Autonomie für Serbien, das »Belgrader Paschalik«, zu erhalten. Dazu trug Rußland insofern indirekt bei, als es nach der Niederlage Napoleons eine Intervention zugunsten der Serben in Aussicht stellte. Aber, wie Barbara Jelavich in ihrem Buch *A Century of Russian Foreign Policy 1814–1914* es formuliert: Sowohl die Unabhängigkeit der Griechen als auch die Autonomie der Serben waren das Ergebnis der Aktivitäten dieser Völker selbst und nicht Folge einer Politik der europäischen Mächte. Sie schreibt: »Zur Zeit der Französischen Revolution und Napoleons kamen die Ideen der europäischen revolutionären Bewegungen auf den Balkan und bildeten im folgenden die Basis für die politische Ideologie der Balkanrevolten. So wurden die Aufstände auf dem Balkan stark beeinflußt von den französischen Idealen und französischem Gedankengut, während zur gleichen Zeit die Herrscher Rußlands Frankreich als das Zentrum von politischen Bewegungen betrachteten, die für ihre eigene Herrschaftsform von tödlicher Gefahr waren ... Der Zarismus hatte kein politisches Modell anzubieten, das auf die Bedingungen des Balkan anwendbar gewesen wäre. Es war unausweichlich, daß die Balkanvölker, einmal frei, Regierungsformen nach westlichem Modell anstreben würden. Wenn also die russische Regierung die Erringung der Freiheit der Orthodoxen von der Unterwerfung unter die Moslems unterstützten, entstand für sie gleichzeitig die Gefahr, daß die neuen Staaten Zentren der Subversion gegen Rußland selbst bilden würden.«

So war es nach Barbara Jelavich verständlich, daß Rußland

in der ersten Hälfte des 19. Jahrhunderts im wesentlichen an der Aufrechterhaltung des Status quo auf dem Balkan interessiert war. Zwar unterstützte es in dosierter Weise die dort entstandenen selbständigen und autonomen Regime; aber mit Rücksicht auf das Gleichgewicht der Mächte im Nahen Osten – zu dem damals auch der Balkan zählte – waren die Russen an einem Zerfall des Osmanischen Reiches nicht interessiert.

Problemlos waren nur die Beziehungen zwischen St. Petersburg und dem kleinen Montenegro, das sich seit Jahrhunderten in seinen »schwarzen Bergen« eine relative Selbständigkeit von den Türken gesichert hatte und dessen *Vladikas*, Bischöfe, die gleichzeitig weltliche Herrscher waren, engste Beziehungen zum Zarenhof unterhielten. Zar Alexander III. sagte 1888, der Herrscher von Montenegro sei sein einziger wahrer Freund. Und von König Nikola von Montenegro ist die stolze Äußerung überliefert: »Wir und die Russen sind zusammen hundert Millionen.«

In der zweiten Hälfte des vorigen Jahrhunderts änderten sich die Verhältnisse sowohl in der Mitte wie auch am südöstlichen Rand Europas. Zuerst verdrängte Preußen Österreich aus Deutschland, so daß sich Österreichs Interessen, besonders nach der Schaffung des Deutschen Reiches 1871, entschieden nach dem Balkan hin wandten. Rußland wiederum hatte im Krimkrieg 1854–56 eine folgenschwere Niederlage von seiten der Streitkräfte Großbritanniens, Frankreichs und der Türkei erlitten. Im Pariser Frieden 1856 wurde Rußland zur Demilitarisierung des Schwarzen Meeres gezwungen. Rußland durfte dort keine Kriegsschiffe und an den Küsten keine militärischen Einrichtungen unterhalten, was im übrigen auch für die Türkei galt. Die Meerengen (Dardanellen und Bosporus) blieben für die Kriegsschiffe aller Nationen gesperrt, nur die Handelsschiffe der europäischen Mächte durften sie passieren. Rußland wurde von der Donaumündung verdrängt und die Verwaltung der Donau einer gemischten Kommission der Anrainerstaaten, mit Ausnahme Rußlands, überantwortet. Das Protektorat Rußlands über die orthodoxen Christen des Osmanischen Reiches wurde aufgehoben und durch ein gemeinsames Protektorat der europäischen Mächte ersetzt, zu dem im übrigen auch die Türkei ausdrücklich zugelassen wurde. Rußland wurde schließlich gezwungen, sein Protektorat über die Donaufürstentümer und Serbien aufzugeben. Die Autonomie Serbiens (unter türkischer Oberhoheit) wurde bestätigt, türkische Garnisonen aber blieben im Lande. Alles in allem bedeutete dies eine beträchtliche Schwächung der Rolle Rußlands in der kontinentalen Politik der europäischen Mächte im allgemeinen und auf dem Balkan im besonderen.

Das änderte sich erst in der zweiten Hälfte der siebziger Jahre des vorigen Jahrhunderts, nachdem Rußland seine inneren Strukturen reformiert und konsolidiert, neue Gebiete im Fernen Osten und in Zentralasien gewonnen und eine Revision der Bestimmungen des Pariser Friedens über die Entmilitarisierung des Schwarzen Meeres und der Durchfahrt durch die Meerengen erzielt hatte. Nach zwanzig Jahren der außenpolitischen Zurückhaltung und der Absicherung seiner Position im Drei-Kaiser-Bündnis zwischen St. Petersburg, Berlin und Wien, einer Art informellen Neuauflage der Heiligen Allianz, boten sich dem Zarenhof neue Möglichkeiten außenpolitischer Aktivität. Panslawistische Kreise verlangten, daß Rußland seine Stellung als größter slawischer Staat dazu benutzen sollte, sich an die Spitze der Freiheitsbewegungen der kleinen slawischen Völker zu stellen, die die Fremdherrschaft – sei sie türkisch oder habsburgisch – abschütteln wollten. Neben den religiösen Bindungen zwischen diesen Völkern und Rußland diente jetzt auch noch die Stammesverwandtschaft als Basis für gemeinsame politische Zielsetzungen.

Diesen neuen Tendenzen in der russischen Politik förder-
lich war der Umstand, daß die »Orientfrage« erneut auf die
Tagesordnung der europäischen Staatskanzleien geriet. 1875
brach in Bosnien-Herzegowina ein Aufstand der christlichen
Bauern gegen die türkische Herrschaft aus. Zuerst versuchte
die russische Regierung zusammen mit den Regierungen in
Wien und Berlin die Hohe Pforte zu Reformen zu bewegen
und auf dieser Basis die Revolte zu beenden. Die Türken
aber, unterstützt von Großbritannien, lehnten ein Einlenken
ab.

Da die Aufständischen eine Vereinigung mit Serbien anstrebten, war das bereits selbständige, aber immer noch unter türkischer Hoheit stehende Fürstentum in gefährlicher
Weise in den Konflikt einbezogen. Die russische Regierung
hielt sich zwar zurück, aber russische Freiwillige strömten
nach Serbien, das wie Montenegro den Türken den Krieg erklärte. Als sich zeigte, daß die beiden kleinen slawischen
Staaten zu schwach waren, die Türken militärisch zu schlagen, erzwangen die Russen von der Hohen Pforte einen Waffenstillstand. In der Zwischenzeit entbrannte auch unter den
Bulgaren ein Aufstand, der immer stärker die Aufmerksamkeit der Russen auf sich zog. Vor allem waren es die »türkischen Greuel« bei der Unterdrückung der bulgarischen Erhebung, die die Öffentlichkeit nicht nur in Rußland, sondern
auch in den anderen europäischen Ländern alarmierte.

Anders als im Falle Bosnien-Herzegowinas erklärte Ruß-
land 1877 zum Schutze der Bulgaren der Türkei den Krieg.
Die russischen Armeen gelangten bis vor Konstantinopel. Da
aber die Briten eine Flotte in die Dardanellen schickten als
Zeichen dafür, daß sie eine Zerschlagung des Osmanischen
Reiches nicht dulden würden, kam es schließlich zwischen
Rußland und der Türkei zum Frieden von San Stefano.

Dieser Frieden sollte ein Groß-Bulgarien schaffen, das sich
von der Donau bis zur Ägäis und vom Schwarzen Meer über

Mazedonien hinaus bis nach Albanien erstrecken sollte. Rußland nahm dabei weder Rücksicht auf die serbischen Ansprüche auf Mazedonien noch auf die Balkaninteressen Österreich-Ungarns. Und weil ein solches Groß-Bulgarien die Schutzmacht Rußland praktisch zum Herren über die Meerenge gemacht hätte, war der Frieden von San Stefano auch für Großbritannien inakzeptabel.

Um das Mächtegleichgewicht auf dem Balkan wiederherzustellen, kam es im Sommer 1878 zum Berliner Kongreß, wo unter Führung Bismarcks eine völlig neue Ordnung erstellt wurde. Bulgarien wurde in ein kleines autonomes Fürstentum und ein halbautonomes Ost-Rumelien unter einem christlichen Gouverneur, aber unter türkischer Hoheit, aufgeteilt, Mazedonien blieb der Türkei erhalten. Zur großen Enttäuschung Serbiens wurde der Habsburgermonarchie das Recht zugestanden, Bosnien-Herzegowina zu besetzen und zu verwalten. Darüber hatten sich der Zar und der Kaiser in Wien schon vor dem Berliner Kongreß geeinigt. Serbien und Montenegro durften ihr Gebiet erweitern, und Serbien wurde vom Kongreß als selbständiger Staat anerkannt; es stand von da an nicht mehr unter türkischer Oberhoheit.

Die Ansprüche Serbiens auf Bosnien-Herzegowina wurden aber ignoriert, auch von Rußland, das seine Interessen auf dem Balkan besser durch seinen Einfluß in Bulgarien als durch Serbien gesichert sah. Den Serben riet die russische Regierung sogar, einen Ausgleich mit Wien zu suchen. So kam es 1881 schließlich zu einem Vertrag zwischen der Doppelmonarchie und Serbien, der den Balkanstaat praktisch zu einem Vasallen Österreich-Ungarns machte. Als Gegenleistung durfte Fürst Milan Obrenović sich zum König Serbiens ausrufen. Als Milan 1885 leichtfertig gegen Bulgarien, das sich mit Ost-Rumelien vereinigt hatte, in den Krieg zog und diesen verlor, war es nicht Rußland, das Serbien vor Territorialverlusten bewahrte, sondern Österreich-Ungarn. Im übrigen hatte Milan Obrenović Kaiser Franz Joseph die Annexion Serbiens angeboten. Der Kaiser hatte abgelehnt, weil Wien den slawischen Bevölkerungsanteil der Donaumonarchie nicht noch weiter vergrößern wollte.

Obwohl sich 1903 die Lage auf dem Balkan durch die Ermordung von Alexander Obrenović, die Rückkehr der Karadjordjes auf den Thron, die Stärkung der auf Rußland bauenden Kräfte in der Belgrader Regierung und durch die Annexion von Bosnien-Herzegowina durch Österreich-Ungarn wesentlich geändert hatte, blieb eine stärkere Unterstützung durch Rußland zunächst aus. Belgrad wollte die Annexion nicht anerkennen und wandte sich an St. Petersburg um Unterstützung. Zar Nikolaus II. aber weigerte sich, für Serbien gegen die Habsburgermonarchie in den Krieg zu ziehen, zumal das Deutsche Reich Wien in der Annexionsfrage voll unterstützte.

Auch in den beiden Balkankriegen wurde Serbien nicht durch Rußland unterstützt. Zwar hatte St. Petersburg die Bildung einer Allianz der Balkanstaaten mit Serbien als stärkster Kraft gegen die Türkei gefördert, als sich aber die Kriegsgefahr im Südosten verschärfte, warnten Österreich-Ungarn und Rußland auch im Namen der übrigen europäischen Mächte die Bündnispartner vor einem Krieg. Man wollte keine Änderung der Grenzen auf dem Balkan. Die Warnung kam zu spät. Montenegro hatte schon im Oktober 1912 losgeschlagen, und die übrigen Balkanstaaten vertrieben die Türken aus Europa.

Bei Aufteilung der Kriegsbeute kam es aber zum Streit unter den Siegern. In seinem Drang nach einem Zugang zur Adria besetzte Serbien fast ganz Nord-Albanien. Albanien war erst 1912 mit Hilfe von Österreich und Italien ein selbständiger Staat geworden. Beide Staaten forderten Serbien und das mit ihm verbündete Montenegro ultimativ zur Räumung dieser Gebiete auf. Belgrad mußte nachgeben, denn Rußland schien auch zu diesem Zeitpunkt nicht bereit, für serbische Interessen einen Krieg zu riskieren.

Ein Jahr später wurde durch einen Terroristen der »Schwarzen Hand« in Sarajevo der österreichische Thronfolger Franz Ferdinand ermordet. Als die Donaumonarchie sich anschickte, »mit entschlossener Hand das Netz zu zerstören, das ihre Feinde ihr über den Kopf werfen« wollten, also Serbien für den Mord militärisch zu bestrafen, stellte sich das zaristische Rußland diesmal auf die Seite Serbiens. Auch auf die Gefahr eines allgemeinen Krieges hin, denn man konnte sich der Hilfe Frankreichs sicher sein. Und da auf der anderen Seite das kaiserliche Deutschland der Regierung in Wien einen »Blankoscheck« für ihr Vorgehen gegen Serbien ausgestellt hatte und Wien im Gegensatz zu früher vor seinen Schritten auf dem Balkan St. Petersburg nicht konsultiert hatte, nahm das Verhängnis seinen Lauf. Statt eines lokalen Konflikts brach ein Weltkrieg aus, der das Ende dreier Dynastien besiegelte. In Rußland griff eine Revolution um sich, die zum Sieg der Bolschewiken und der Umwandlung des Landes in eine »Union der sozialistischen Sowjetrepubliken« führte.

Um mit der schon einmal zitierten Barbara Jelavich eine Bilanz der russischen Balkanpolitik der letzten hundert Jahre bis zum Ersten Weltkrieg zu ziehen: War für Rußland die Möglichkeit gegeben, in Konstantinopel einen dominierenden Einfluß auszuüben, war man für die Integrität des türkischen Reiches. Bestand die Gefahr, daß eine andere Macht den russischen Einfluß in Konstantinopel bedrohte, rief man nach einer Aufteilung dieses Reiches – entweder mittels der europäischen Großmächte oder später mittels einer Ausbreitung der Territorien und Rechte der neuen Balkanstaaten. Das ganze Jahrhundert über schwankte St. Petersburg zwischen der Opferung der eigenen Interessen für die Balkanvölker und der Benützung eben dieser Völker zur Erreichung

der eigenen Ziele. Für Zar Nikolaus II. hatte sich das Engagement für nationalistische Bestrebungen auf dem Balkan als
ein tödliches Risiko erwiesen. 1918 war Rußland, beziehungsweise die Sowjetunion auf Grund der Machtergreifung der
Bolschewiken verfemt und diskreditiert. Die Westmächte tri-
umphierten, und Serbien weitete sich mit ihrer Hilfe zum
»Königreich der Serben, Kroaten und Slowenen« aus. Dieser
nun stärkste Staat auf dem Balkan orientierte sich an Frankreich und seiner europäischen Politik nach dessen Sieg im
Ersten Weltkrieg.

Die Sowjets betrieben keine Balkanpolitik im herkömm-
lichen Sinne des Wortes, die Politik gegenüber den Balkan-
ländern bestimmte die Komintern. Davon wird noch an
anderer Stelle die Rede sein. Bis knapp vor dem Zweiten
Weltkrieg gab es zwischen Belgrad und Moskau nicht einmal
diplomatische Beziehungen. Das serbische Königshaus, das
bei Kriegsende Tausenden russischer Emigranten, darunter
auch dem weißrussischen General Wrangel mit den Rest-
beständen seiner Armee, Asyl gewährt hatte, wollte mit den
Bolschewiken, die ja bis Mitte der dreißiger Jahre eine Zerschlagung Jugoslawiens anstrebten, nichts zu tun haben. Erst
als sich die europäische Lage Ende der dreißiger Jahre zu-
spitzte, kam es 1940 zur Aufnahme diplomatischer Beziehungen zwischen Belgrad und Moskau. Diese waren zunächst
aber nur von kurzer Dauer: Als Hitler im April 1941 Jugoslawien überfiel und als Staat vernichtete, brachen die
Sowjets, die sich damals ja noch nicht im Krieg mit Deutschland befanden, die Beziehungen zur Belgrader Regierung ab,
die ins Londoner Exil gegangen war. Erst nach der Invasion
der Sowjetunion durch Hitler im Juni 1941 knüpfte Stalin
neue Beziehungen zu Jugoslawien, einerseits quasi diploma-
tisch-offizielle zur Exilregierung in London, andererseits zu
Tito und seinen kommunistischen Partisanen in Jugoslawien
selbst. Aber das ist insofern ein besonderes Kapitel, als dabei

staatliche Interessen der Sowjetunion und die Interessen der kommunistischen Weltbewegung fast nicht zu trennen waren. Es sprengt auf alle Fälle den Rahmen der Beziehungen zwischen Rußland und Serbien. Auch der Bruch Stalins mit Tito 1948 und das wechselhafte Verhältnis des jugoslawischen Kommunistenführers mit den Nachfolgern Stalins, selbst nach der »Versöhnung« 1955, sprechen in dieser Periode erst recht nicht für »traditionell gute Beziehungen« zwischen Moskau und Belgrad.

Ein neues Kapitel dieser Beziehungen begann aber mit dem Zusammenbruch der Sowjetunion einerseits und dem Zerfall Jugoslawiens und den serbischen Agressionskriegen in Kroatien und Bosnien andererseits. Diese Beziehungen befinden sich aber erst in ihrem Anfangsstadium. Wie sie sich entwickeln und wo ihre Grenzen sein werden – darüber ist zur Zeit ein abschließendes Urteil noch nicht möglich. Auch wenn erwiesen ist, daß weder die jugoslawischen Generäle 1991 für ihre Putschabsichten noch Milošević für seine großserbischen Pläne in Moskau Unterstützung erhalten haben. Wenn der Kreml bei den Friedensverhandlungen im ehemaligen Jugoslawien Belgrader Positionen vertreten hat, dann meist mit der Absicht, sich in der Balkanpolitik gegenüber dem Westen wieder ins Spiel zu bringen.

21

Eine Offiziersverschwörung führt in den Krieg

NACH DEM ATTENTAT IN MARSEILLE, UM WIEDER IN DIE dreißiger Jahre zurückzukehren, änderte sich in Jugoslawien zunächst wenig. Für den minderjährigen Thronfolger Peter übernahm ein dreiköpfiger Regentschaftsrat die Staatsführung. Prinz Pavle (Paul), ein Vetter des ermordeten Königs, der in England erzogen worden war, war dessen bestimmende Persönlichkeit. Regiert wurde auf der Basis der Verfassung vom September 1931, die König Alexander und Ministerpräsident Živković proklamiert hatten, um der Königsdiktatur ein demokratisches Mäntelchen umzuhängen.

Im Kreis um Prinzregent Paul kam es aber bald zu Spannungen zwischen den Kräften, die den autoritären Kurs fortsetzen wollten und jenen, die eine parlamentarische Demokratie anstrebten. Auch Neuwahlen brachten keine Lösung, so daß sich der Prinzregent entschloß, den Finanzexperten Milan Stojadinović an die Spitze der Regierung zu berufen.

Stojadinović blieb vier Jahre im Amt – für einen serbischen Regierungschef geradezu ein Rekord. In dieser Zeit gelang es ihm, die Wirtschaft zu stabilisieren und außenpolitisch die Beziehungen zu Italien und zu Deutschland zu normalisieren. Das Deutsche Reich wurde wichtigster Handelspartner Jugoslawiens.

Das schwierigste innerpolitische Problem des Landes aber, das Verhältnis zu den Kroaten, blieb ungelöst. Stojadinović, der bei den Kroaten als hartnäckiger Verfechter der serbischen Interessen galt, schien nicht der geeignete Mann für die Lösung dieses Problems zu sein. Prinzregent Paul entließ ihn deshalb im Februar 1939. Unmittelbar danach nahm der neue Ministerpräsident Dragiša Cvetković Verhandlungen mit dem Führer der Kroatischen Bauernpartei Maček auf, die schließlich im August 1939 zu dem berühmten *sporazum*, »Verständigung« oder »Ausgleich«, zwischen Belgrad und Zagreb führten. Durch die Schaffung einer »Banschaft Kroatien« (der *Ban* war eine Art Vizekönig) mit weitgehenden Autonomierechten wurde Jugoslawien praktisch ein dualistischer Staat.

Ob diese Konstruktion gehalten hätte – es gab auf beiden Seiten Widerstände gegen sie –, ist angesichts der weiteren Entwicklung in Europa eine müßige Frage. Am selben 23. August 1939, an dem Cvetković und Maček den *sporazum* unterschrieben, setzten in Moskau Ribbentrop und Molotov ihre Unterschrift unter den Hitler-Stalin-Pakt. Und zehn Tage später begann mit dem deutschen Überfall auf Polen der Zweite Weltkrieg.

Mit dem Angriff Mussolinis von Albanien aus gegen Griechenland Ende Oktober 1940 wurde schließlich auch der Balkan in den Strudel des Krieges gerissen. Denn Hitler mußte seinem Verbündeten Mussolini, der im Krieg gegen Griechenland in arge Schwierigkeiten geraten war (die Briten waren in Griechenland gelandet und die Griechen drangen nach Albanien vor) zu Hilfe kommen. Dabei wollte er sich den Rücken freihalten, indem er Jugoslawien zum Beitritt zum Dreimächtepakt zwang.

Prinzregent Paul leistete zunächst Widerstand, gab aber schließlich nach. Hitler hatte ihm zugesichert, daß Jugoslawien nicht gezwungen würde, an der Seite der Achsenmächte am Krieg teilzunehmen. Das Deutsche Reich würde auch nicht die Erlaubnis für den Transport deutscher Truppen und Kriegsmaterialien über jugoslawisches Gebiet forden. Unter diesen Bedingungen unterschrieben Ministerpräsident Cvetković und Außenminister Cincar-Marković am 25. März in Wien den Beitritt ihres Landes zum Dreimächtepakt.

Schon zwei Tage später sollte sich die Lage dramatisch ändern. In der Nacht zum 27. März unternahm eine Gruppe serbischer Generäle unter der Führung des Luftwaffenchefs Dušan Simović einen Putsch. Prinzregent Paul wurde entmachtet, der 17jährige Thronfolger Peter für volljährig und zum Regenten erklärt, die Regierung Cvetković gestürzt und unter Simović eine neue Regierung gebildet. In Belgrad kam es am 27. März zu Massendemonstrationen für die Putschisten, bei denen Parolen wie *Bolje rat nego pakt* (Lieber den Krieg als den Pakt) geschrien und deutsche Büros demoliert wurden. Sonst verliefen die Demonstrationen aber unblutig. Prinzregent Paul fügte sich in sein Schicksal und verließ das Land über Griechenland. Keine Woche später, am 6. April, überfiel Hitler Jugoslawien, bombardierte Belgrad, zerschlug in einem nur elf Tage dauernden Feldzug die jugoslawische Armee und unterwarf das Land einer neuen politischen Unterteilung. Das Jugoslawien der Zwischenkriegszeit war untergegangen.

In den ersten fünfzig Jahren nach dem Generalsputsch und seinen Folgen konzentrierte sich die Geschichtsschreibung, die jugoslawische wie die deutsche und anglo-amerikanische, meist auf folgende Fragen: War der Putsch der serbischen Generäle eine gezielte Aktion, um Jugoslawien in den »Antifaschistischen Krieg« gegen die Achsenmächte zu involvieren? Welchen Anteil hatten die englischen und die sowjetischen Diplomaten und Geheimdienste an der Vorbereitung und Durchführung des Putsches? Glaubten die Putschisten, Hitler werde auch im Falle eines gewaltsamen Regierungswechsels in Belgrad nicht gegen Jugoslawien militärisch vorgehen, weil er mit den Vorbereitungen des Feldzuges gegen die Sowjetunion befaßt sei und vorher keine weitere Front in Europa eröffnen wolle?

Daß die Briten an einer Ausdehnung des Krieges auch auf Jugoslawien interessiert waren, ist heute auf Grund der diplomatischen Akten und der Memoiren der Hauptakteure im damaligen Geschehen unbestritten; auch die Sowjets erwarteten sich davon einen Vorteil, weil sie von einem großen Krieg auf dem Balkan zumindest einen Aufschub des deutschen Angriffes auf die Sowjetunion erhofften. Schließlich nahmen die Tito-Kommunisten nach ihrer Machtergreifung bei Kriegsende für sich in Anspruch, durch Demonstrationen am 27. März den Sturz des Regimes von Prinzregent Paul mit herbeigeführt zu haben.

In den letzten Jahren, vor allem seit der Machtergreifung des nationalistischen Milošević-Regimes, zeichnet sich aber in Serbien eine teils differenziertere, teils serbisch-nationalistische Darstellung der Ereignisse vom März 1941 ab. Der Putsch der Generäle sei seit langem vorbereitet gewesen, der Beitritt zum Dreimächtepakt durch die Regierung Cvetković sei nur das auslösende Moment gewesen. Er habe sich gegen das Regime des Prinzregenten allgemein und seinen *sporazum* mit den Kroaten im besonderen gerichtet. Die Putschisten-Regierung Simović habe einen Konflikt mit dem Deutschen Reich vermeiden und deshalb Hitler überzeugen wollen, daß sie zu dem Beitritt zum Dreimächtepakt stehe.

Die Geheimdienste der Briten und Sowjets hätten, so lauten die neuesten serbischen Darstellungen der Ereignisse weiter, weder bei der Vorbereitung noch bei der Durchführung des Putsches eine maßgebliche Rolle gespielt. Das gleiche gelte auch für die Kommunisten und ihren angeblichen Anteil an der Vorbereitung der Demonstrationen am 27. März 1941. Die kommunistische Führung und auch Tito seien vielmehr von der Entwicklung überrascht worden und seien zu diesem Zeitpunkt auch gar nicht bereit gewesen, sich politisch zu exponieren, denn noch habe es damals keinen deutsch-sowjetischen Krieg gegeben.

Aus dem Putsch der Generäle und seinen Folgen, so heißt es in der neueren serbischen Geschichtsschreibung schließ-

lich weiter, hätten nur die Briten einen wirklichen Nutzen gezogen. Gemeint ist damit, daß sie ihr Ziel erreichten, die
Deutschen in einen Krieg in Jugoslawien hineinzuziehen, von
dem sie annehmen konnten, er werde, wie im Ersten Weltkrieg im Falle Serbien, Jahre dauern und starke deutsche
Kräfte binden.

Wenn Churchill nach dem Putsch der Generäle erklärt
habe, die Jugoslawen hätten damit »ihre Seele zurückgewonnen«, so müsse man dem widersprechen, heißt es in einer
Artikelserie der *Borba* im Frühjahr 1995. Die darin ausge-
führten Thesen der neueren serbischen Geschichtsschreibung
über die Einbeziehung Jugoslawiens in den Zweiten Weltkrieg lauten,daß es die Serben gewesen seien, die ihre Seele
zurückgewonnen hätten. Es sei nämlich ein serbischer und
kein jugoslawischer Putsch gewesen, der in der Nacht vom
26. zum 27. März 1941 in Belgrad stattgefunden habe.

Außerdem heißt es, dem Luftwaffengeneral Borivoje Mirković, dem eigentlichen Organisator des Putsches, sei die
Idee des Staatsstreiches schon 1940 gekommen. »Mit einem
Militärputsch wollte er eine neue Lage im Lande schaffen,
den Staat vor dem Abgrund retten, in den ihn Prinzregent
Paul geführt hatte und vor allem dem Militär einen größeren,
wenn nicht sogar entscheidenden Einfluß auf die Staatsge-
schäfte sichern. Etwa in dem Sinne, wie es seinerzeit vor dem
Ersten Weltkrieg von dem Führer der »Schwarzen Hand«,
dem in Saloniki erschossenen Oberst Dragutin Dimitrijević-
Apis beabsichtigt worden war.

Damit versuchen die Serben heute für sich in Anspruch
zu nehmen, daß sie bei Ende des Krieges auf der Seite der
Sieger standen. Daß sie damit gleichzeitig auch die Verantwortung dafür tragen, daß sich 1941 bis 1945 auf dem Boden
Jugoslawiens ein verheerender Krieg nicht nur zwischen den
Besatzungsmächten und dem einheimischen Widerstand ver-
schiedenster ethnischer Herkunft und ideologischer Prägung

abgespielt hat, sondern auch ein national und religiös moti-
vierter Bürgerkrieg, der das Land 1,9 Millionen Tote und
unübersehbare Zerstörung kostete, scheint dabei vergessen
zu werden.

Wollen die Serben damit, wie im Falle der Schlacht auf
dem Amselfeld, eine nationale Katastrophe religiös verbrä-
men? Der damalige Patriarch der serbisch-orthodoxen Kirche,
Gavrilo, hatte den Generalsputsch in einer Rundfunkanspra-
che begrüßt und erklärt, daß das serbische Volk sich wieder
einmal in seiner Geschichte dem »Himmlischen Reich, dem
Reich Gottes« zugewandt habe.

Zur Zeit der Herrschaft Titos wurde der Putsch vom 27.
März im kommunistischen Sinne verklärt. Nun scheint es
aber, daß anstelle eines kommunistischen antifaschistischen
Mythos ein serbisch-nationaler, beinahe religiöser Mythos geschaffen werden soll.

In seinen Memoiren, die in Abwandlung des Slogans der
Demonstranten am 27. März 1941 den Titel tragen: *Ni rat – ni
pakt* (Weder Krieg noch Pakt), behauptet der einstige jugoslawische Ministerpräsident Milan Stojadinović, hätte ihn der
Prinzregent an der Spitze der jugoslawischen Regierung behalten, wäre dem Land und dem Volk alles spätere Leid er-
spart geblieben. »In meinen Beziehungen zu Deutschland«,
so schreibt er in seinem 1963 in der Emigration erschienenen
Buch, »bin ich an die äußersten Grenzen bei der Durchführung einer Politik gegangen, die ein Teil der Nation weder
verstand noch billigte, die aber unerläßlich war, um die Unabhängigkeit und Freiheit Jugoslawiens zu erhalten. Und
auch Deutschland selbst hat nichts anderes gewollt, als an der
Südgrenze ein wirklich neutrales Jugoslawien zu haben. Ich
bin zutiefst überzeugt, daß Deutschland von mir niemals
einen Beitritt zum Dreimächtepakt verlangt hätte, denn ich
habe eine Politik der strengen Neutralität verfolgt, die im
Interesse beider Länder war. Deutschland hatte hingegen

genügend Gründe, an dem Prinzregenten Paul trotz seiner Bemühungen, ihre Sympathie und ihr Vertrauen zu erringen, zu zweifeln. So bedeutete meine Auslieferung an die Engländer (im März-April 1941) einen Akt des Mißtrauens den Deutschen gegenüber. Paul befürchtete, ohne einen Funken der Berechtigung, daß die Deutschen mich ihm als Ministerpräsidenten aufnötigen würden, was er nicht zu akzeptieren bereit war ... Darin irrte er aber gewaltig. Den Deutschen ist keinen Augenblick eingefallen, meine Rückkehr an die Macht zu verlangen.«

Wie alle historischen Thesen, die mit einem »wenn« beginnen, bleibt auch diese nur graue Theorie. Doch eines ist unbestritten: Die serbischen Generäle haben durch den Putsch zwei Tage nach dem Beitritt der jugoslawischen Regierung zum Dreimächtepakt den deutschen Diktator in unnötiger Weise herausgefordert. In leichtfertiger Verkennung seiner Mentalität glaubten sie ihn im nachhinein beschwichtigen zu können. Noch Anfang April 1941 versuchte Außenminister Momčilo Ninčić die Regierungen in Berlin und Rom davon zu überzeugen, daß auch die neue jugoslawische Regierung den Beitritt des eben gestürzten Regimes Cvetković zum Dreimächtepakt anerkenne.

Für die politische Leichtfertigkeit der Putschisten spricht auch die Tatsache, daß sie keine militärischen Vorbereitungen für einen Krieg getroffen hatten. Entgegen allen Erwartungen Churchills und auch Stalins brach der militärische Widerstand auch schon nach elf Tagen zusammen.

22

Bedrängt von Hitler, Mussolini, Churchill und Tito – Die Serben im Zweiten Weltkrieg

DER PUTSCH DER GENERÄLE IN BELGRAD VERSETZTE Hitler in unbeschreibliche Wut. Er sah seine Pläne in bezug auf den Feldzug gegen die Sowjetunion durchkreuzt. Nachdem er die jugoslawische Armee besiegt hatte, löschte er den jugoslawischen Staat aus.

Im Westen des Landes wurde der »Unabhängige Staat Kroatien« (NDH) ins Leben gerufen, der »unabhängig« nur auf dem Papier, sonst aber völlig von Hitler-Deutschland und Mussolinis Italien abhängig war. Die Serben, die das Jugoslawien der Zwischenkriegszeit beherrscht hatten, kamen abgesehen von den Slowenen, die zwischen Italien und dem Deutschen Reich aufgeteilt wurden, besonders schlecht weg. Von der heutigen Vojvodina wurde die Batschka, der westliche Teil, Ungarn zugesprochen, während der Banat, um den sich die Ungarn und die Rumänen stritten, unter deutsche Verwaltung gestellt wurde. Fast ganz Mazedonien wurde verwaltungsmäßig den Bulgaren überlassen, und das mehrheitlich von Albanern bewohnte Kosovo verbanden die Italiener mit dem »Mutterland« zu einem Großalbanien. Serbien war damit praktisch auf den Umfang reduziert, den es Mitte des vergangenen Jahrhunderts gehabt hatte.

»Die Serben waren Freiwild für alle geworden«, schrieb Hermann Neubacher, während des Krieges deutscher diplomatischer Sonderbeauftragter Süd-Ost in seinem Bericht. Serbien kam unter unmittelbare deutsche Besatzung, es hatte zwar eine »Regierung« unter dem ehemaligen jugoslawischen Verteidigungsminister General Milan Nedić. Dieser aber hatte praktisch keine Kompetenzen, operativ unterstanden ihm nicht einmal die serbische, also nicht einmal die eigene Polizei und Gendarmerie.

Kaum hatte sich die deutsche Besatzungsmacht im Lande etabliert, organisierte sich auch der Widerstand – und zwar der Widerstand der königstreuen Serben, nicht der der Tito-Kommunisten. Jene bekämpften die Besatzungsmächte erst nach Hitlers Überfall auf die Sowjetunion am 22. Juni 1941.

Schon am 12. Mai 1941 hingegen begann der 48jährige Oberst Draža Mihajlović in dem Bergland von Valjevo in Mittelserbien mit sieben Offizieren und zwei Dutzend Soldaten den Kleinkrieg gegen die deutsche Wehrmacht. Um ihn sammelten sich in den folgenden Wochen und Monaten viele patriotische Serben, die zum Kampf gegen die deutsche Besatzungsmacht bereit waren. Auf die Überfälle gegen die deutschen Truppen und die Anschläge auf militärische Transporte reagierten Wehrmacht und SS mit äußerster Brutalität. Einem »Führerbefehl« zufolge – für jeden getöteten deutschen Soldaten oder auch »serbischen Kollaborateur«, sollten fünfzig Geiseln erschossen und die Dörfer, aus denen die Attentäter vermutlich kamen, zerstört werden – übten sie eine blutige Terrorherrschaft aus. Ihren Höhepunkt erreichte diese in der Erschießung ganzer Schulklassen und ihrer Lehrer im Oktober 1941 in Kragujevac – eine Bluttat, die sich tief in das Bewußtsein der Serben eingegraben hat. Der Drang nach Vergeltung trieb vor allem die jungen Leute in die Wälder, zuerst zu den »Četniks«, wie sich die Kämpfer Draža Mihajlovićs nannten, später auch zu den Partisanen. In Serbien blieben die königstreuen Anhänger Mihajlovićs bis zum Herbst 1944 stärker als die kommunistischen Tito-Partisanen, die in der serbischen bäuerlichen Bevölkerung weniger Rückhalt hatten. Außerdem waren Titos Streitkräfte, die im Herbst

1941 um Užice ein »befreites Territorium« geschaffen hatten, von den deutschen Truppen aus Serbien hinausgedrängt worden. Sie mußten sich zum größten Teil nach Montenegro und Bosnien zurückziehen.

Mihajlović jedoch, weiterhin unterstützt von der serbischen Landbevölkerung, konnte sich in Serbien behaupten und seinen Einfluß auch auf Teile Montenegros und auf die serbisch besiedelten Gebiete des dalmatinischen Hinterlandes ausdehnen, die dem kroatischen Ustascha-Staat angeschlossen worden waren. Während die serbische Bevölkerung in Serbien selbst unter den Repressalien der Deutschen zu leiden hatte, war sie in den Karstgebieten Kroatiens, in Bosnien und der Herzegowina den nationalen und religiösen Verfolgungen der Ustascha ausgesetzt. Wenn in Serbien behauptet wird, daß von den Völkern Jugoslawiens während des Zweiten Weltkrieges die Serben den höchsten Blutzoll entrichtet hätten, so ist dem kaum zu widersprechen.

Für die Besatzungsmächte waren zunächst die Anhänger Mihajlovićs die Hauptgegner, und auch für die Alliierten waren sie die wichtigsten Verbündeten im besetzten Jugoslawien. Die Regierung Simović hatte noch vor dem Zusammenbruch der jugoslawischen Armee zusammen mit König Peter das Land verlassen und war nach London ins Exil gegangen. Von dort entsandte sie noch im Herbst 1941 einen Verbindungsmann zu Mihajlović, der im Januar 1942 zum General und zum Verteidigungsminister der Exil-Regierung befördert wurde, obwohl er das Land nicht verlassen hatte.

Ab 1943 aber wurde die Position Mihajlovićs sowohl bei Churchill wie auch innerhalb der jugoslawischen Exil-Regierung immer umstrittener. Das hatte folgende Ursachen: Es ging jetzt nicht mehr nur um die Bekämpfung der Besatzungsmächte, sondern vielmehr darum, wer nach dem Kriege in Jugoslawien die Macht ausüben würde. Mihajlović wollte seine Četniks nicht in sinnlosen Angriffen auf die Besatzungstruppen opfern, sondern für den Tag der Landung der Briten und Amerikaner auf dem Balkan in Reserve halten. Zusammen mit diesen sollte dann die alte königlich-serbische Ordnung in Jugoslawien wiederhergestellt werden. Tito und seine kommunistischen Partisanen hingegen verfolgten das Ziel, im Kampf sowohl gegen die Besatzer, gegen Mihajlović und die kroatischen Ustaschas möglichst viel an militärischen und politischen Positionen zu erobern. Im Grunde genommen traten von einem gewissen Zeitpunkt an – etwa ab Mitte 1943, nach Italiens Abkehr von Hitler – sowohl bei Mihajlović als auch bei Tito innenpolitische Zielsetzungen vor die militärischen Aktionen gegen die Deutschen. Das ist auch etwa der Zeitpunkt, von dem an Churchill Mihajlović die Unterstützung schrittweise entzog und dafür Tito und seine Partisanen förderte, weil diese, wie er erklärte, »mehr Deutsche töteten«. Nach dem Absprung der Italiener waren die kommunistischen Partisanen in den Besitz schwerer Waffen italienischer Verbände gekommen, die ihre militärische Stärke wesentlich erhöhten.

Mihajlović sah sich außerhalb des eigentlichen Serbiens in Bosnien und in Montenegro immer mehr von den kommunistischen Partisanen bedrängt, und so suchte er militärische Stillhalteabkommen zuerst mit den Italienern, später auch mit den Deutschen. Das aber erschütterte noch mehr seine Stellung in London. Außerdem hatten auch die in ihrer Mehrzahl linksorientierten Mitarbeiter der britischen Geheimdienste in Kairo und später in Bari sowie in Titos Hauptquartier auf die kommunistischen Partisanen gesetzt.

Schon Ende 1943 informierte Churchill König Peter, er werde nur mehr Tito mit Waffen, Munition und anderem Kriegsgerät unterstützen. Im Februar 1944 zog er dann seine Verbindungsoffiziere bei Mihajlović zurück, und im Mai entließ König Peter Mihajlović als Verteidigungsminister. Schließlich distanzierte sich König Peter im September 1944 in einer Rundfunkrede von allen, die seinen Namen und die Autorität der Krone mißbrauchten, um »Kollaboration mit dem Feind zu rechtfertigen«. Das schloß auch Mihajlović mit ein und bedeutete den Todesstoß für die königstreue serbische Widerstandsbewegung.

Mihajlović wurde im Juli 1946 von einem Exekutionskommando der Armee des neuen kommunistischen Jugoslawien erschossen. Er hatte sich bei Kriegsende geweigert, das Land zu verlassen und war im Frühjahr 1946 in seinem Versteck in Westserbien durch Verrat der Geheimpolizei Titos in die Hände gefallen. Der Partisanen-Marschall zögerte nicht, ihn vor Gericht zu stellen und als Kollaborateur zum Tode zu verurteilen. Die siegreichen Kommunisten stellten alle Anhänger Mihajlovićs auf die gleiche Stufe mit den Gefolgsleuten des Ministerpräsidenten Nedić und anderen Kollaborateuren, und verfolgten sie gnadenlos. In seinen Memoiren beziffert Milovan Djilas die Zahl der Opfer der Rache- und Vergeltungsaktionen durch die Partisanen auf etwa zwanzig- bis dreißigtausend. Das kann sich aber nur auf Serbien beziehen, denn so viele slowenische Weißgardisten und kroatische Ustascha und Domobrani wurden allein in Westjugoslawien umgebracht. Tito stand laut Djilas auf dem Standpunkt: »Einmal und für alle Zeiten« mit den Feinden der Kommunisten Schluß zu machen.

Zu Zeiten Titos durfte an der Meinung, Mihajlović sei ein Kollaborateur und Verräter gewesen, nicht gerüttelt werden. Vor allem durfte nicht erwähnt werden, daß er der erste gewesen war, der zum Widerstand gegen die Besatzungsmächte aufgerufen und Kampfgruppen gebildet hatte – und nicht die Kommunisten. Das Tito-Regime konnte den Fall Mihajlović umso leichter mit einem Tabu belegen, als maßgebliche Kreise im Westen, vor allem in Großbritannien, an den Kollaborationsbeschuldigungen gegenüber Mihajlović mitgewirkt hatten und sie auch weiterhin aufrecht hielten.

In den mehr als vierzig Jahren der kommunistischen Herrschaft blieb auch in Serbien selbst »Glanz und Elend des Mihajlovićs« ein auch von Nichtkommunisten nur ungern ange-
sprochenes Thema. Aber es schwelte unter der Oberfläche
weiter, und je aktueller die »serbische Frage« nach Titos Tod
wurde, um so mehr wurde es wieder diskutiert. Denn es
rührt an das Selbstverständnis der Serben im allgemeinen
und ihre Rolle im Zweiten Weltkrieg im besonderen. Sollten
sie sich nachsagen lassen, daß ihre Generäle Hasardeure waren, als sie ihren Putsch zu einem Zeitpunkt machten, der
zwangsläufig das Land in den Krieg stürzen mußte? Und
warum endete der Mann, der wie kein anderer zunächst
ihren Widerstandswillen verkörpert hatte, nicht nur als glück-
loser General, sondern sogar als Verräter? Für die Serben insgesamt politisch-psychologische Probleme, die noch längst
nicht bewältigt sind.

23

Tito und die Serben –
ein komplexes Verhältnis

Über die Einstellung Titos zu den Serben – und umgekehrt – ist zu Lebzeiten des Begründers des Zweiten Jugoslawien natürlich nicht geschrieben worden. Selbst in ausländischen Biographien des jugoslawischen Staats- und Parteichefs wurde dieses Thema kaum aufgegriffen. Es war tabu.

Der Zerfall des Vielvölkerstaates nur zehn Jahre nach Titos Tod, vor allem die Ursachen des Zerfalls, zeigen jedoch, daß dieses Thema zu Unrecht vernachlässigt wurde. Denn schon Mitte der achtziger Jahre ist von serbischer Seite gegen Tito der Vorwurf erhoben worden, er habe in seinem Jugoslawien Serbien und die Serben bewußt benachteiligt. Man braucht nur an das »Memorandum« der Serbischen Akademie zu denken, von dem oben die Rede war. Außerdem erinnerten sich jetzt viele Serben wieder, daß Josip Broz Tito der Sohn einer slowenischen Mutter und eines kroatischen Vaters war, und im Ersten Weltkrieg in der österreichisch-ungarischen Armee, also auf seiten der Feinde Serbiens, gekämpft hatte. Er stand auch an der Front gegen Serbien, ob er allerdings an der Drina-Front gegen die serbische Armee unmittelbar im Einsatz gewesen war, darüber schweigen sich die Biographen Titos aus. Einige erwähnen nur, daß Tito wegen Anti-Kriegs-Agitation einige Zeit auf der Festung Peterwardein bei Novi Sad (Neusatz) in der Vojvodina im österreichischen Militär-gefängnis gesessen habe und dann im Januar 1915 mit seiner kroatischen Einheit an die russische Front verlegt worden war. In national-serbischen Kreisen Belgrads waren aber zu

Zeiten seiner Herrschaft immer wieder Leute zu finden, die hinter vorgehaltener Hand zu wissen vorgaben, daß Tito wohl beim Herbstfeldzug der k. u. k. Armee gegen Serbien 1914 mit dabei gewesen war.

Nach seiner Rückkehr aus der sowjetischen Kriegsgefangenschaft 1920 in das neue »Königreich der Serben, Kroaten und Slowenen« agitierte Tito als kommunistischer Funktionär vorerst in Kroatien. Nach Belgrad kam er nach seiner Ernennung zum Generalsekretär der illegalen Kommunistischen Partei (KPJ) 1939 und nach Besetzung und Zerschlagung Jugoslawiens durch Hitler-Deutschland erst im Frühjahr 1941, als er die Parteizentrale dorthin verlegte.

Den Partisanenkampf gegen die deutsche Besatzung begann Tito zwar in Serbien, aber ohne großen Erfolg. Das erste Territorium unter der Kontrolle seiner Partisanen, die sogenannte Republik von Užice, mußte er im Herbst 1941 räumen, nicht nur unter dem Druck der deutschen Truppen, sondern auch, weil die Kommunisten nur wenig von der ländlichen Bevölkerung unterstützt wurden. In der Šumadija, dem serbischen Kernland, gaben die Četniks des königstreuen Obersten Draža Mihajlović den Ton an. Tito mußte sich mit seinen Leuten nach Montenegro und Bosnien absetzen und kehrte erst drei Jahre danach wieder nach Serbien zurück, als sich die Wehrmacht schon vom Balkan zurückzog und die Rote Armee die Untere Donau erreicht hatte. Das distanzierte Verhältnis der Serben in deren »Mutterland« gegenüber den kommunistischen Partisanen mag zweifellos mit zur reservierten Haltung Titos gegenüber dem »klassischen« Serbien und seinen Menschen beigetragen haben.

Doch auch schon in seiner Komintern-Vergangenheit war die Einstellung des späteren Partisanen-Marschalls zu Serbien etwas zwiespältig. Moskau und die Komintern hatten ja, wie gesagt, ihre Position zum Jugoslawien der Zwischenkriegszeit und damit auch zu Serbien, dem Königshaus der

Karadjordjes und der herrschenden Schicht in Serbien, einige
Male gewechselt. In den ersten Jahren des Königreiches SHS
waren die Kommunisten, die bei den Wahlen 1920 drittstärk-
ste Fraktion im Belgrader Parlament geworden waren,
»jugoslawisch« eingestellt. Mit Moskau und der Komintern
waren sie der Meinung, daß ihnen das Land durch eine
Revolution der Arbeiterklasse bald in die Hände fallen
würde. Als sich dies als Illusion erwies, änderten Moskau
und die Führung der jetzt in die Illegalität gedrängten KPJ
ihre Taktik: Über zehn Jahre lang, zwischen 1924 und 1935,
arbeitete sie auf eine Zerschlagung Jugoslawiens als »Schöpfung von Versailles« hin. Sie forderte das Selbstbestimmungsrecht für die Kroaten, Slowenen und Mazedonier und
bekämpfte das Königshaus und die serbische Bourgeoisie.
Neben der bestehenden jugoslawischen KP wurden auch
noch eine kroatische, eine slowenische und mazedonische
Parteiorganisation geschaffen. Eine serbische KP aber wurde
erst nach dem Zweiten Weltkrieg 1945 ins Leben gerufen.

Die Wende kam 1935 auf dem Siebenten Kongreß der Komintern. Angesichts der Machtergreifung Hitlers in Deutschland
wurde der Faschismus zum Feind Nummer eins erklärt und
der Aufbau einer gemeinsamen Front aller »progressiven«
Kräfte gegen ihn angestrebt. Nicht mehr die Zerschlagung
Jugoslawiens war nun das Ziel, sondern die nationale Gleichberechtigung der Völker Jugoslawiens auf der Basis einer
»revolutionären demokratischen Umgestaltung« des Staates.
Damit bekamen auch die serbischen Kommunisten, die sich in
Belgrad im wesentlichen auf Intellektuelle und Studenten
stützten, mehr Aktionsspielraum.

Dennoch blieb auch weiterhin das Verhältnis zwischen Tito
und den Serben, auch den Kommunisten unter ihnen, kein
ungetrübtes. In der zweiten Hälfte der dreißiger Jahre waren
nämlich führende serbische Kommunisten in Moskau in den
Strudel der stalinistischen Säuberungen geraten und einfach

verschwunden. Nicht aber Tito. Welche Rolle mochte Tito in diesem Zusammenhang gespielt haben? Eine bis heute offene Frage, die in serbischen Kreisen aber ein gewisses Mißtrauen hinterlassen hat.

Ein zweiter Vorwurf gegenüber Tito, während seiner Herrschaft nie ausgesprochen, war die staatliche Organisation Serbiens nach dem Zweiten Weltkrieg. Die Schaffung zweier autonomer Provinzen auf serbischem Territorium, des Kosovo mit seiner albanischen Mehrheit, und der Vojvodina, mit einer zwar serbischen Mehrheit, aber doch überaus bunten ethnischen Bevölkerung, wurde als eine gezielte Einschränkung der Staatlichkeit Serbiens empfunden, zumal keine der übrigen fünf Teilrepubliken Jugoslawiens autonome Provinzen hatte. Auch die Schaffung einer eigenen mazedonischen Teilrepublik wurde, wenn auch weniger in kommunistischen als in nationalen Kreisen, als eine Beschneidung des serbischen Lebensraums und Einflußgebietes interpretiert. Schließlich wurde der Sturz Rankovićs im Sommer 1966 in Serbien allgemein als eine Verdrängung der Serben aus dem inneren Kreis der Parteiführung zugunsten einer kroatisch-slowenischen Mehrheit verstanden.

Zweifellos hatte Tito von seiner Jugend an ein distanziertes Verhältnis zu Serbien und den Serben. Er war in der Donaumonarchie aufgewachsen, nicht auf dem Balkan. Er war vom Arbeitermilieu Mitteleuropas geprägt, nicht von den Bauern und Viehzüchtern der Landstriche südlich der Donau, die Jahrhunderte unter türkischer Herrschaft verbracht hatten. Er stieß zu den Kommunisten, als diese in den serbischen königlichen, militärischen und bürgerlichen Machtstrukturen des damaligen Jugoslawiens ihren Hauptfeind sahen.

Diesen nationalen, sozialen und politischen Hintergrund hatte wohl Serbiens populärster Schriftsteller der letzten Jahrzehnte, Dobrica Ćosić, selbst langjähriges KP-Mitglied, vor

Augen, als er dem Tito-Regime vorwarf, einem »österreichisch-ungarischen Komintern-Konzept« von Jugoslawien
gefolgt zu sein. »Ich glaube, daß Tito als politischer Führer«,
so sagte Ćosić im Gespräch mit dem Journalisten Slavoljub
Djukić, »in gewissen Perioden in seiner Einstellung zum
Jugoslawentum eine ambivalente Persönlichkeit war. In seiner allgemeinen Einstellung war er schon ein Politiker, der
Jugoslawien als einheitlichen und unabhängigen Staat erhalten wissen wollte. In der Verfolgung dieses allgemeinen
Zieles hatte er aber verschiedene Perioden und verschiedene,
sogar gegensätzliche Auffassungen über das Jugoslawentum
und der nationalen Frage Jugoslawiens. Meiner Überzeugung
nach trug er als Kommunist die Komintern-Vorstellung vom
Serbentum und Großserbentum in sich, die vor dem Krieg
darin die Säule Jugoslawiens und nach dem Krieg die Gefahr
für den Bestand Jugoslawiens sah. In bezug auf das Jugoslawentum überwog bei ihm das Prinzip der Symmetrie, wie
ich es nennen möchte. Je mehr Zeit seit Beginn des Aufstandes 1941 und dem Ende des Krieges verging, um so mehr
änderte Tito seine Einschätzung der Kriegsereignisse, verrin-
gerte und verschwieg er den serbischen Anteil, stellte den
Anteil der einzelnen jugoslawischen Völker am Befreiungskampf und seiner Opfer auf die gleiche Stufe, ebenso wie ihre
Verantwortung für die Verbrechen des Faschismus und in der
Unterstützung der Besatzungsmächte. Diese taktisch-politi-
sche Symmetrie wurde später ein allgemeiner Grundsatz,
ungerecht angewandt gegenüber der serbischen Nation.«

Aber hat Tito in seiner Umgebung und damit in der Staats-
und Parteiführung die Serben tatsächlich benachteiligt? Wohl
kaum. Bis zum Jahr 1954, als Djilas mit der Partei brach und
aus der Parteiführung ausgeschlossen wurde, bestand die
Parteispitze aus Tito, Kardelj, Djilas und Ranković. Davon
waren die beiden letzteren Serben, wobei Ranković der
Mächtigste war, denn er kontrollierte den Polizeiapparat und

bestimmte die Kaderpolitik. Ohne die Zustimmung Rankovićs war keine Karriere in der Partei möglich. Er war der
oberste Exekutor der politischen Unterdrückung und der Aus-
merzung aller wirklichen und vermeintlichen Feinde des
Regimes. Davon können besonders die Albaner im Kosovo
ein Lied singen, denn bis zu seinem Sturz im Juli 1966 hatte
Tito Ranković bei der Behandlung dieser Volksgruppe freie
Hand gelassen. In den letzten drei Jahren seiner politischen
Karriere war Ranković, wie schon erwähnt, sogar jugoslawischer Vizepräsident, damit Stellvertreter und in den Augen
der Nation designierter Nachfolger Titos.

Es darf auch nicht vergessen werden, daß die mangelnde
Unterstützung der Tito-Partisanen durch die Bauern des serbischen Kernlandes ausgeglichen wurde durch den Zustrom
der Serben in Bosnien-Herzegowina, im dalmatinischen Hinterland und der kroatischen Krajina. Letztere flohen vor den
Vernichtungsaktionen durch die faschistischen kroatischen
Ustaschas im späteren Verlauf des Krieges fast ausschließlich
zu den Tito-Partisanen. Diese Serben waren es auch, die nach
dem Krieg das Gros der Offizierskader der Jugoslawischen
Volksarmee (JNA) stellten und in Partei und Polizei in Kroatien überproportional stark vertreten waren.

Von 1953 bis 1978, von Koča Popović bis Miloš Minić, waren
nur Serben jugoslawische Außenminister; und der Serbe Nikola Ljubičić war Verteidigungsminister von 1968 bis 1982.
Viele Serben neigen dazu, dies zu vergessen, wenn sie sich
darüber beklagen, von Tito in den Staats- und Parteistruktu-
ren benachteiligt worden zu sein.

Was Serbien im jugoslawischen Staatsgefüge betrifft, so ist
es zweifellos von Tito stiefmütterlich behandelt worden. Besonders nachdem die beiden autonomen Provinzen Kosovo
und Vojvodina durch die Verfassung von 1974 eine Stellung
erhielten, die sie den Teilrepubliken praktisch gleichsetzte.
Denn sie hatten im Staatspräsidium wie im Parteipräsidium

eine direkte Vertretung und waren nicht durch die Republik Serbien repräsentiert, zu der sie an sich gehörten. Außerdem hatte Serbien in den Parlamenten dieser beiden Provinzen kein Mitspracherecht, während diese ihrerseits im serbischen Parlament vertreten waren.

Jugoslawien 1947 bis 1991

Legende

──────── Staatsgrenzen

∙∙∙∙∙∙∙∙∙∙ Republikgrenzen

‑ ‑ ‑ ‑ ‑ Provinzgrenzen (Kosovo und Vojvodina)

24

Mitten unter den Serben

Nach Belgrad kamen wir im Herbst 1968. Die jugoslawische Hauptstadt wurde mein neuer Arbeitsplatz als Auslandskorrespondent. Ich war vorher schon oft dort gewesen, aber immer nur vorübergehend. Jetzt wurde es mein ständiger Aufenthaltsort.

Es war politisch eine interessante Zeit. Die Niederschlagung des Prager Frühlings durch die Rote Armee lag kaum vierzehn Tage zurück, die jugoslawische Armee befand sich noch im Alarmzustand, bereit, einer etwaigen sowjetischen Agression Widerstand zu bieten.

Seit den Studentenunruhen, einer mächtigen demokratischen Jugendbewegung, nicht nur in Belgrad, sondern auch in anderen jugoslawischen Universitätsstädten, waren noch keine drei Monate vergangen. Tito war noch auf der Höhe seiner Macht, und er hatte diese auch ohne Skrupel zur Beilegung der Studentenrevolte eingesetzt – auch mit Versprechungen, die nie gehalten wurden. Die politische Atmosphäre Belgrads war also voller Spannungen, innen- wie außenpolitisch.

Es war aber auch die Zeit des BITEF, des alljährlich im September stattfindenden internationalen Theaterfestivals, an dem bekannte und noch unbekannte Theatergruppen aus allen Erdteilen teilnahmen. Das Chaos rund um Aufführungen, Pressekonferenzen und Diskussionen, meisterte eine resolute blonde Dame von imponierender Statur und Energie. Besonders die Jugend hatte ein gewaltiges Interesse an dem, was außerhalb des Landes auf den Bühnen der Welt vor sich ging. Theater – das war für sie keine Bildungsangelegenheit,

der man sich in dunklem Anzug, weißem Hemd und Krawatte aussetzt, das war Aufruhr, Experiment und Provokation. Und so brodelte es geradezu in den Aufführungen wie
in den am darauf folgenden Tag stattfindenden Diskussionen,
es herrschte eine äußerst angeregte Atmosphäre.

Wir, meine Frau und ich, waren von der Lebendigkeit
unseres neuen Umfelds gleichermaßen angetan. Wir genossen die Leichtigkeit, mit der wir Kontakte herstellen
konnten, professionelle wie persönliche. Zu diesem Zeitpunkt herrschte in Belgrad ein beinahe ungezwungener Verkehr zwischen für Kontakte mit Ausländern autorisierten
Funktionären, Journalisten, Künstlern, Diplomaten. Daß das
Regime diesen Verkehr unter der gefälligen Oberfläche nicht
unkontrolliert ließ, ist uns allerdings mit der Zeit nicht verborgen geblieben.

Der lockere Umgangston war durch das Wesen der Serben
– sie stellen die überwiegende Mehrheit der rund 1,5 Millionen Einwohner der Hauptstadt – begründet. Die Serben sind
zunächst einmal ein ausgesprochen eloquentes Volk, sie sind
rasch mit dem Wort, nur soll man nicht erwarten, daß sie
sich immer an das, was sie gesagt haben, auch erinnern. Das
gilt nicht nur für die Gebildeten, sondern auch für das einfache Volk draußen auf dem Lande. Nachdem wir des Serbokroatischen so halbwegs mächtig waren, konnten wir feststellen, daß sich auch ein Analphabet, etwa ein serbischer
Bauer, in seinem ihm vertrauten Bereich mühelos und präzise auszudrücken verstand. Er hatte den Fremden gegenüber
auch keine Hemmungen, er trat selbstbewußt auf.

Ein anderes auffallendes Charakteristikum: Was ein Serbe
sagt, sagt er im Brustton der Überzeugung, und er liebt Superlative. Der Fleischer, den er empfiehlt, hat natürlich den
besten Schinken in ganz Belgrad. Der Zahnarzt, zu dem man
geschickt wird, hat in Berlin (oder in Paris) studiert und ist
der beste zwischen Ostsee und Ägäis. Und wenn davon die

Rede ist, daß Friedrich Barbarossa, den der Dritte Kreuzzug auf dem Weg ins Heilige Land durch Serbien führte, erst von König Stefan Nemanja den Gebrauch von Messer und Gabel gelernt hat, dann gibt es daran nicht den geringsten Zweifel. Da sie sich selbst nicht in Frage stellen, stellen sie auch das von ihnen Gesagte nicht in Frage.

Und außerdem: Das Gesagte gilt ihnen oft schon als getan. Nur so läßt sich die Zufriedenheit erklären, mit der Funktionäre (oder Konferenzteilnehmer) nach stundenlangem Palaver nach Hause zu gehen pflegen, obwohl nur geredet und noch nichts getan oder beschlossen worden ist.

Selbstironie ist den Serben eigentlich fremd, und so ist Belgrad auch kein guter Boden für Kabaretts und satirische Zeitschriften; dafür aber gedeihen hier Witze. Das Witzeerzählen gehört zum gesellschaftlichen Ritual der Serben. Es belebt die Atmosphäre einer Gesellschaft, wobei es nichts ausmacht, daß die meisten der Anwesenden die meisten Witze, die sie zu hören bekommen, schon kennen. Aber man möchte sie wieder hören, am liebsten von dem gleichen Erzähler. Es ist wie wohl einstmals mit den Rhapsoden: Man möchte die Geschichte, wie Kraljević Marko den Schwarzen Ritter erschlug, von demselben Sänger immer wieder hören.

Im Serbischen gibt es den Ausdruck *družstveni čovek*, der mit unserem Begriff »Gesellschaftsmensch« nicht unbedingt identisch ist, eher könnte man ihn mit »geselliger Mensch« übersetzen. Jedenfalls ist es die »Gemeinschaft«, die der Durchschnittsserbe sucht und in der er sich wohl fühlt. Als ich einmal in einer Belgrader Runde erzählte, ich sei als Student allein in den österreichischen Alpen herumgewandert, sah man mich völlig verständnislos an. Und als wir mit Belgrader Freunden am Strand von Rovinj einen Platz suchten, steuerten diese direkt auf den Platz zu, wo sich bereits die meisten Belgrader niedergelassen hatten.

Die Neigung, das Gesagte oft schon für getan anzusehen,

wird allerdings häufig durch ein ausgeprägtes Talent zur Improvisation kompensiert. Wir haben nicht nur einmal erfahren müssen, daß bei Projekten unserer Meinung nach völlig unrealistische Termine dann doch eingehalten wurden. Man hatte es schließlich durch nicht alltägliche Einfälle und Kraftanstrengungen in letzter Minute eben doch noch geschafft. Mit diesem Improvisationstalent gleichen die Serben auch ihr mangelndes Talent hinsichtlich Planung und Vorausschauen aus. Sie sind in diesem Sinne Menschen des Augenblicks.

Wir haben immer wieder feststellen müssen, daß Serben von Entwicklungen, die sie eigentlich selbst in Bewegung gesetzt haben, überrascht wurden, weil sie sie in keiner Weise vorausgesehen haben. Dieser Mangel an Voraussicht ist oft auch die Ursache, daß sie nicht zu dem stehen wollen, was sie irgendwann einmal vereinbart haben. Oft ist es nicht so, daß sie sich nicht an das Vereinbarte halten wollten, es haben sich ihrer Meinung nach nur die Voraussetzungen geändert, unter denen Vereinbarungen getroffen wurden. Nimmt man es genau, so treffen Serben Vereinbarungen stillschweigend immer nur unter der Klausel *rebus sic stantibus*, unter den augenblicklichen Bedingungen. Das haben schon die Gesprächs- und Verhandlungspartner von Nikola Pašić erfahren müssen und in unseren Tagen die von Milošević und Karadžić auch.

Sind die Serben egozentrische Menschen? Auf alle Fälle haben sie Schwierigkeiten zuzuhören, es liegt ihnen auch nicht, sich in die Situation des Gesprächs- und Verhandlungspartners hineinzudenken. Das gilt für die private Sphäre genau so wie für die öffentliche. Ein geselliger Abend gilt dann als ein Erfolg, wenn man sich ausgiebig produzieren konnte, gleichgültig, ob die anderen Teilnehmer auf ihre Rechnung gekommen sind oder nicht.

Im politischen Bereich äußert sich die Selbstbezogenheit der Serben auf die Weise, daß sie Ereignisse nicht objektiv

erleben, sondern als Opfer. Wenn sie mit ihrer Umgebung in
Konflikt geraten, sehen sie sich sofort von Feinden umgeben,
die auf nichts anderes aus sind, als den nur ihr Recht for-
dernden Serben Übles zuzufügen. »Alle sind gegen uns!« und
»Warum müssen immer wir leiden?« waren Reaktionen, die
man auf serbischer Seite im innerjugoslawischen Krieg der
letzten Jahre immer wieder hören konnte. Wie ja auch der
Krieg gegen die Kroaten und die Muslime in den Augen der
Serben nur ein Verteidigungskrieg war, weil die einen ein
Groß-Kroatien anstrebten und dabei die Krajina-Serben vernichten wollten, während die anderen einen islamisch-
fundamentalistischen Staat im Auge hatten, in dem die
orthodoxen Serben einem Genozid ausgesetzt gewesen
wären. So sah die überwiegende Mehrheit der Serben diesen
Krieg zumindest in seinen Anfängen. Bezeichnend war die
plötzlich auftauchende Behauptung, Engländer und Amerikaner hätten schon gegen Ende des Zweiten Weltkrieges
mit Absicht nur die serbischen Städte bombardiert, die kroatischen aber geschont. Daß die Bombardierungen der Alliierten von Nisch, Kragujevac und Belgrad einfach mit den
Rückzugsbewegungen der deutschen Balkan-Armee zusam-
menhingen, war vergessen.

Die serbische Gesellschaft ist eine Männergesellschaft. Die
Männer dominieren zumindest nach außen, die Frauen halten sich im Hintergrund, ohne allzu große Illusionen über die
Qualität dieser Männergesellschaft. Aber sie sind die Stärke-
ren, im Haus und wenn nötig auch außerhalb.

Während des innerjugoslawischen Krieges der letzten
Jahre und der politischen Ohnmacht der parlamentarischen
Opposition im Verhältnis zu Milošević, waren und sind noch
immer Frauen die entschlossensten Gegner des Milošević-
Regimes. Sie ließen sich weder kaufen noch von der Polizei
einschüchtern. Sie prangerten immer wieder auch durch

Gründung von Menschenrechtsorganisationen furchtlos Gewalttaten, ethnische Säuberungen und andere Kriegsgreuel der eigenen Seite an.

Noch immer ist die serbische Familie auf den Sohn fixiert. Ihm gilt die Fürsorge der Mutter, er wird verwöhnt, und von Geburt an wird ihm das Bewußtsein vermittelt, daß er etwas Besonderes sei, weil er eben ein Mann ist. Wenn das Wort *dečko* gebraucht wird, so ist damit ein Junge gemeint, obwohl das Wort in seiner eigentlichen Bedeutung das Kind schlechthin bezeichnet. Der Brauch der montenegrinischen Väter, nur die Zahl der Söhne anzugeben, wenn man sie nach der Anzahl ihrer Kinder fragt, ist allerdings in Belgrad nicht oder nicht mehr üblich. Dafür kann man immer wieder erleben, daß in der Umgangssprache, auch in gebildeten Familien, die Tochter mit dem Wort *sine*, also »Sohn«, gerufen oder angesprochen wird – als Ausdruck besonderer Zärtlichkeit.

25

Der unaufhaltsame Aufstieg des Slobodan Milošević

DER 1941 IN DER MITTELSERBISCHEN PROVINZSTADT Požarevac geborene Slobodan Milošević wird einer breiteren Öffentlichkeit erst Mitte der achtziger Jahre bekannt, als er zum Chef der Kommunistischen Partei in Belgrad aufsteigt. Als Hauptstadt Jugoslawiens wird der dortigen Parteiorganisation und ihrem Vorsitzenden immer große Aufmerksamkeit geschenkt. Die Wahl wird stets sorgfältig vorbereitet, besonders von den beiden Clans, die seit Jahrzehnten das kommunistische Serbien beherrschen: die Stambolićs und die Markovićs.

Milošević tritt auf diesem Posten die Nachfolge seines engsten Freundes Ivan Stambolić an, Repräsentant der jüngeren Politikergeneration , die an die Spitze von Staat und Partei von Serbien drängt. Es ist nicht das erste Mal, daß Milošević in die Fußstapfen dieses Freundes aus Studienzeiten tritt. Stambolić hatte seine leitenden Funktionen in der Wirtschaft und im Bankwesen nach und nach zugunsten seiner politischen Karriere aufgegeben. Milošević folgt ihm an die Spitze der größten Bank des Landes, der Beogradska Banka, als Ivan Stambolić serbischer Regierungschef wird. Die beiden stellen mit ihrer engen Zusammenarbeit eine beachtliche Verbindung von politischer und wirtschaftlicher Macht dar.

1984 rückt Ivan Stambolić an die Spitze der Kommunistischen Partei Serbiens, und so stellt sich die Nachfolgefrage für den Vorsitz der Parteiorganisation in Belgrad, den er für kurze Zeit innegehabt hatte.

Zu diesem Zeitpunkt ist dort bereits ein heftiger Macht-

kampf entbrannt zwischen den alten Parteikadern und jüngeren, eher liberal eingestellten, von einem Teil der oppositionellen Intellektuellen unterstützten Kräften. Ivan Stambolić
ist zwar kein Hardliner, will aber doch die Macht der Partei
nicht in Frage gestellt sehen. Er setzt Milošević als seinen
Nachfolger gegen den als modernen Kommunisten geltenden, von einem Teil der Presse unterstützten Spiro Galović
durch.

In der Hauptstadt weht wieder ein härterer Wind. Die Ma-
xime lautet: »Was sind schon zweihundert bis dreihundert
Schreiber im Verhältnis zu zwanzigtausend Arbeitern aus Ra-
kovića« (ein Industriebezirk Belgrads). Es gibt wieder Ver-
haftungen und Prozesse gegen Intellektuelle. Milošević setzt
sich für eine Weiterführung des Marxismus als Unterrichts-
fach ein. Oppositionelle innerhalb und außerhalb der Partei
werden beschuldigt, sich vom Sozialismus distanzieren zu
wollen. Kurz, Milošević vertritt die dogmatische Linie und
festigt damit seine Stellung innerhalb der Partei, wo noch immer die konservativen Kräfte das Sagen haben. Wie sich zeigen wird, eine gute Ausgangsposition für den weiteren Aufstieg auf den Stufen der Macht.

Schon zwei Jahre später, zu Beginn des Jahres 1986, ist es
soweit. Ivan Stambolić soll Präsident der Republik Serbien
werden. Im erweiterten Parteipräsidium schlägt er, wie nicht
anders zu erwarten, Milošević als neuen Parteivorsitzenden
vor. Der frühere langjährige Verteidigungsminister Nikola
Ljubičić, einer der treuesten Paladine Titos, unterstützte diesen Vorschlag mit den Worten: »Slobodan hat sich im Kampf
gegen den Nationalismus, den Liberalismus und gegen alle
Formen der Konterrevolution in Belgrad engagiert. Ich
glaube, er hat die Prüfung bestanden. Ich habe Slobodan
Milošević als Kämpfer gegen die Konterrevolution erlebt. Ich
möchte, daß er diese Tätigkeit fortsetzt, mit noch größerer
Hartnäckigkeit.«

Aber damit ist die Sache noch nicht entschieden. Eine ganze Reihe von Gegnern Miloševićs verlangt, daß dem ZK nicht nur ein, sondern mehrere Kandidaten für den Parteivorsitz vorgeschlagen werden. Es dauert 26 Stunden, bis die Wahl zugunsten Miloševićs entschieden ist. Ivan Stambolić als künftiger Republikspräsident, Slobodan Milošević als designierter serbischer Parteichef und Dragiša Pavlović als künftiger Vorsitzender der Belgrader Parteiorganisation können als unzertrennliches Freundestrio am Abend des 27. Februar 1986 ausgiebig ihren Sieg feiern. Eineinhalb Jahre später aber sieht die politische Situation in Belgrad schon ganz anders aus.

Erstes Opfer auf Miloševićs Weg zur alleinigen Macht ist Dragiša Pavlović, der treue Gefolgsmann des Ivan Stambolić. Pavlović pflegt einen liberalen politischen Stil in der jugoslawischen Hauptstadt, er sucht den Dialog mit den Oppositionellen, vornehmlich Schriftstellern und unabhängigen Journalisten. Er gerät aber zwischen alle Stühle: Die Intellektuellen mißtrauen ihm, weil er letztlich doch an der Herrschaft der Partei festhält, die Parteibürokratie wirft ihm vor, durch seine Dialogbereitschaft die kommunistische Ordnung zu gefährden. Zunächst läßt Milošević Pavlović gewähren, in der Hoffnung daß er sich dabei schon die Finger verbrennen wird.

Im Herbst 1986 veröffentlicht die Belgrader Zeitung *Večernji novosti* jenes schon ausführlich besprochene »Memorandum der Serbischen Akademie«, das einen Frontalangriff auf Tito-Jugoslawien von serbischen nationalistischen Positionen aus darstellt.

Die serbische Parteiführung, einschließlich Milošević, beschließt, das Memorandum, das auch in Zagreb, Ljubljana, Sarajevo und Skoplje auf scharfe Ablehnung stößt, als nationalistisch-serbische Proklamation zu verurteilen. Während Ivan Stambolić und Dragiša Pavlović besonders hervortreten, hält Milošević sich auffallend zurück. Nicht einmal in einer eigens zu diesem Thema einberufenen ZK-Sitzung bezieht er Stellung. Offensichtlich ist er bemüht, einerseits sich das Vertrauen und die Unterstützung der alten Kader der Parteibürokratie zu bewahren, andererseits aber die Mitglieder der Akademie und die Intellektuellen nicht vor den Kopf zu stoßen. Das Kunststück gelingt ihm, und ohne daß er es jemals proklamiert hätte, wird das »Memorandum« in den darauffolgenden Jahren die ideologische Grundlage seiner »großserbischen« Politik.

Im Frühjahr 1987 festigt Milošević weiter seine Stellung. Es ist die Zeit der ersten Auseinandersetzungen zwischen Serben und Montenegrinern mit Albanern im Kosovo. Milošević fährt ins Kosovo, um mit den lokalen Politikern zu sprechen. In Kosovo Polje kommt es vor dem Gebäude, in dem die Gespräche stattfinden, zu Demonstrationen der Serben, gegen die die hauptsächlich aus Albanern bestehende Miliz mit Schlagstöcken vorgeht. Die Demonstranten schreien: »Wir werden geprügelt, sie schlagen uns!« und verlangen nach »Slobo«, wie Milošević im Volksmund heißt. Slobodan Milošević weiß die Stunde zu nützen, er tritt aus dem Gebäude heraus und ruft den serbischen Demonstranten zu: »Niemand darf euch schlagen – euch darf niemand prügeln!« Ein Versprechen, das zu einem geflügelten Wort wird im Konflikt zwischen Serben und Kosovo-Albanern. Er fordert Serben und Montenegriner auf, im Kosovo zu bleiben – trotz aller Schwierigkeiten. Er verspricht ihnen: »Serbien wird das Kosovo nicht hergeben!« und gibt so die Linie seiner künftigen Kosovo-Politik vor. Er weiß von nun an auch, wie er mit den Massen umzugehen hat.

Im Herbst 1987 scheint der Augenblick gekommen zu sein, die ganze Macht in Serbien zu erobern. Unmittelbaren Anlaß bieten die Ereignisse um den »Mord von Paraćin«. In der Kaserne der jugoslawischen Volksarmee in der ostserbischen

Stadt Paračin erschießt in der Nacht zum 3. September der Soldat albanischer Nationalität Aziz Kelmendi vier Kameraden und verletzt sechs teilweise schwer. Das Verbrechen hat keinen politischen Hintergrund, die Toten sind zwei Muslime und je ein Serbe und Kroate. Der Täter ist psychisch gestört, was auch die Militärärzte bestätigen. Trotzdem startet die Belgrader Presse eine wüste anti-albanische Kampagne und spricht sogar von einem aus dem Ausland gesteuerten Verbrechen, weil der Vater des Täters Gastarbeiter in der Bundesrepublik ist.

Dieser nationalistischen Hetze widersetzt sich der Belgrader Parteichef Pavlović. Auf einer Pressekonferenz warnt er davor, den albanischen Nationalismus mit Haß und einem serbischen Nationalismus bekämpfen zu wollen. Das verstoße gegen die sozialistischen Grundsätze. Zwei Tage später erscheint in der Boulevardzeitung *Politika Expres* ein Kommentar, der die Ansichten Pavlovićs als »leichtfertig« zurückweist. Diese Stellungnahme sieht wie ein Artikel aus der Redaktion aus, geschrieben hat ihn aber Mira Marković, die Frau Miloševićs. Das weiß damals kaum jemand, doch jedem politisch Interessierten ist klar, daß unter den Spitzenfunktionären der Partei ein Machtkampf im Gang ist. Kaum eine Woche später ruft Milošević das erweiterte Parteipräsidium zusammen. Einziger Tagesordnungspunkt: Das Auftreten Dragiša Pavlovićs auf der Pressekonferenz – die politischen Folgen.

Ivan Stambolić erkennt sofort, daß nicht allein Pavlović, sondern auch er selbst Zielscheibe des Angriffs ist. Er stellt sich vor Pavlović und erklärt, seit Übernahme des Parteivorsitzes durch Tito sei kein Kommunist zur Rechenschaft gezogen worden, der Standpunkte vertreten habe wie Pavlović.

Das nützt aber weder ihm selbst noch Pavlović, denn hinter Milošević stehen die alten Kader, geführt von den Generälen Ljubičić und Gračanin, und auch eine Reihe von

Funktionären der mittleren Generation, die sich von Milošević Vorteile für ihre Karriere erhoffen. Sie sorgen dafür, daß Pavlović seinen Posten im serbischen Parteipräsidium verliert. Das ist zugleich eine Niederlage des Präsidenten Ivan Stambolić.

Die Entscheidung des Parteipräsidiums, die ja hinter verschlossenen Türe stattfand, muß natürlich vom ZK bestätigt werden. Milošević sorgt dafür, daß das nächste Plenum so schnell wie möglich stattfindet. Es tritt bereits am 23. September zusammen und wird als das »8. Plenum« berühmt.

Milošević ist seiner Sache so sicher, daß er die Sitzung im Fernsehen übertragen läßt, ein in der Geschichte der jugoslawischen KP einmaliger Fall. Die ganze Nation ist damit Zeuge, wie Milošević als Vorsitzender der Serbischen Kommunistischen Partei mit einem unbotmäßigen Funktionär verfährt. Sie erlebt aber auch, daß die politischen Tage des bisher mächtigsten Mannes der Republik, des Präsidenten Ivan Stambolić, der Pavlović unterstützt hat, gezählt sind.

Vom 8. Plenum an ist Miloševićs Macht etabliert. Er ist es, der künftig in Serbien allein herrscht. Milošević hatte geschickt taktiert. Er hatte sich zuerst die Aura eines Verteidigers der Politik Titos gegeben und sich damit die Unterstützung der alten Kader, des Parteiapparates und der Militärs gesichert. Gleichzeitig hatte er durch eine gezielte Personalpolitik dafür gesorgt, daß die wichtigsten Medien, vor allem die elektronischen, ihm zur Verfügung standen. Sein Auftreten im Kosovo, vor allem sein Versprechen, daß man »Serben nicht schlagen darf«, hatte ihm die Gunst der serbischen Massen eingebracht.

Das alles ist aber erst ein Anfang. Es gilt jetzt das Bündnis mit dem Volk zu vertiefen. Als Mittel dienen ihm die »antibürokratische Revolution«, Volkskundgebungen, sogenannte *meetings*, und ein gezielt geschürter serbischer Nationalismus. Für letzteren braucht er die Intellektuellen, die Schriftsteller und auch die Regimekritiker. Er wird sich auch diese dienstbar machen – in dem Moment, in dem er sie braucht. Wie es ja überhaupt ein Charakteristikum von Milošević ist, Grundsätze und Menschen nur nach ihrer Nützlichkeit und Verwendbarkeit zu betrachten, zur Erreichung seines einzigen Zieles: der persönlichen Macht.

26

Ein Volk steht auf

Im Sommer 1988 entdeckt Milošević, dass man die Volksmassen, sobald man ihr Vertrauen gewonnen hat, gezielt und organisiert zur Verwirklichung konkreter politischer Absichten einsetzen kann. Unter der Parole der »anti-bürokratischen Revolution« strömt Milošević auch ein großer Teil der Jugend in Serbien zu, die sich von dieser »Revolution« die endgültige Aufbrechung der verkrusteten Herrschaftsstrukturen der Kommunistischen Partei, Reformen und einen frischen Wind im ganzen Land erhofft.

In allen größeren Städten Serbiens finden diese Kundgebungen statt, und die Parolen, die dabei skandiert werden oder auf Transparenten zu lesen sind, feiern Milošević, den »Sohn des Volkes, der dem Volk die Freiheit bringt«. Dabei sind vor allem Wortspiele mit dem Vornamen von Milošević, Slobodan, verkürzt Slobo, und dem Begriff »Sloboda« (Freiheit) beliebt. Es gibt auch Parolen, die Milošević zum neuen Tito proklamieren. Auf einer solchen Kundgebung in der serbischen Provinzstadt Kragujevac wurden 220 verschiedene Parolen gezählt.

Im Oktober 1988 wird dann eine solche Volkskundgebung zu einer gezielten politischen Aktion: der sogenannten Joghurth-Revolution in Novi Sad, der Hauptstadt der autonomen Provinz Vojvodina. An die 70.000 Demonstranten, viele davon Serben aus dem Kosovo und aus dem serbischen Stammland, versammeln sich dort vor dem Parteigebäude, bewerfen die Miliz und die Funktionäre, die die Masse beschwichtigen wollen, mit Tomaten und Joghurtbechern und verlangen den Rücktritt der Vojvodina-Führung, die sie als *fo-teljaši*, Sesselkleber, bezeichnen. Obwohl selbst Serben, sind diese Gegner Miloševićs, weil sie an der Autonomie ihrer Provinz festhalten wollen. Erschreckt durch diese Mobilisie-rung der Massen fordern sie beim jugoslawischen Staatsprä-sidium eine Intervention der Armee an. Das wird aber ab-gelehnt, weil der serbische Republikspräsident General Gračanin unter dem Druck von Milošević dagegen ist. Dieser geht auch jeder Diskussion mit den Repräsentanten der Au-tonomen Provinz aus dem Weg. Nicht eine Diskussion, son-dern die Geschichte selbst stehe auf der Tagesordnung, läßt er die Belagerten wissen und verlangt ihren Rücktritt. Die Po-tentaten in Novi Sad geben klein bei und ihr Amt ab. Damit ist das wichtigste Hindernis auf dem Wege zur Beseitigung der Autonomie der Vojvodina ausgeräumt. Und das Volk singt:»O dreigeteiltes Serbien, bald wirst du wieder eines sein.«

Ihren Höhepunkt, sozusagen die Krönung, erfährt die Welle der *mitinsi (meetings)* am 19. November 1988 mit der Kundgebung in Belgrad auf dem Parkgelände an der Mün-dung der Save in die Donau. Die Berichterstatter der Bel-grader Medien überbieten sich mit den Teilnehmerzahlen. Zunächst sprechen sie von 800.000, zum Schluß werden es zwei Millionen.

Bei diesem Meeting spricht der Schriftsteller Milovan Vite-zović einen Satz aus, der von diesem Augenblick an zum ge-flügelten Wort wird:»Unsere Geschichte wird dieses Jahr als das Jahr in Erinnerung behalten, in dem die Nation wieder-erstanden ist.« So die etwas freie Übersetzung der auch im Serbischen eher ungewöhnlichen Formulierung … *nam se dogodijo narod* (»uns ist die Nation passiert«). Wie immer man diesen Satz auch interpretieren will, er durfte von da an in keiner Rede, in keinem Artikel national-serbischen Ge-dankenguts fehlen.

Schon vor dem »Volksereignis« zwischen Save und Donau hatte das »Syndrom Milošević«, wie Slavoljub Djukić dieses politische Phänomen bezeichnete, die Grenzen Serbiens überschritten. Fast zur gleichen Zeit wie in Novi Sad sammeln sich in Montenegros Hauptstadt Podgorica die Volksmassen, demonstrieren gegen die bisherige Führung und verlangen nach Milošević. Dieser hält sich aber vorläufig zurück. Die alte Führung gibt nicht auf und läßt die Demonstranten durch die Polizei auseinandertreiben. Aber schon drei Monate später, nach erneuten Demonstrationen, kapituliert sie. Es half ihr auch nicht, daß ihr so prominente Funktionäre wie der frühere jugoslawische Ministerpräsident Veselin Djuranović und das langjährige Mitglied des jugoslawischen Partei- und Staatspräsidiums Vidoje Žarković angehören. An ihre Stelle treten junge Männer, von denen man nur weiß, daß es Miloševićs Leute sind. In Podgorica tanzt die Menge auf der Straße und singt: »Montenegro und Serbien – das ist eine Familie.«

27

Milošević und die Intellektuellen

MAN KANN NICHT SAGEN, DASS MILOŠEVIĆ UM DIE
Intellektuellen und Dissidenten gebuhlt hätte. Es waren eher
die Intellektuellen, die nach 1987 dem Sog seines politischen
Aufstiegs nicht widerstehen konnten. Besonders, nachdem er
zum nationalen Idol und unbestrittenen Führer der Serben
geworden war.

Die Schriftsteller, Akademiemitglieder, Universitätspro-
fessoren, Theaterleute und Journalisten, die unter den
Schirm seiner Macht strebten, kamen politisch und intellek-
tuell aus den verschiedensten Lagern. Unter ihnen waren
Mitglieder des Serbischen Schriftstellerverbandes, die zu
Titos Zeiten in der Francuska Nr. 7, dem Sitz des Verbandes,
ihr oppositionelles Zentrum gehabt hatten. Aus der Praxis-
Gruppe, den kritischen Marxisten, die Ende der sechziger/
Anfang der siebziger Jahre mit ihrer Sommerschule auf der
Insel Korčula einen Treffpunkt der europäischen Linken ein-
gerichtet hatten, der von Tito abgeschafft worden war, stieß
Mihajlo Marković zu Milošević und seiner Sozialistischen
Partei Serbiens (SPJ), wie nun seit 1990 die Nachfolgeorgani-
sation der serbischen KP hieß. Der stellvertretende Vorsit-
zende der Serbischen Akademie, Antonije Isaković, sah in
Milošević die Synthese der politischen Talente Djordje Kara-
djordjes und Miloš Obrenovićs.

Puren Opportunismus legten die durch die Übersetzungen
ihrer Bücher auch in Deutschland bekannten Schriftsteller
Miodrag Bulatović (*Der Held auf dem Rücken des Esels*) und
Radomir Smiljanić (*Wer hat Hegel verleumdet*) an den Tag. Zu
Titos Zeiten hatten sich beide den Verlagen im Westen und

den westlichen Botschaften in Belgrad als kompromißlose Antikommunisten und Demokraten präsentiert. Jetzt liefen sie mit wehender roter Fahne zu Milošević über. Dabei störten sie weder seine kommunistischen Machtmethoden noch sein Nationalismus. Bulatović wurde Abgeordneter der Partei Miloševićs, und Smiljanić tönte, Serbien werde mit der jetzigen Führung und dem Patriotismus des serbischen Volkes innerhalb von fünf Jahren eine Schweiz sein.

Wie sich ja überhaupt herausstellte, daß viele serbische Intellektuelle, die unter Tito sich als demokratische Oppositionelle deklariert hatten, sich unter Milošević als wackere serbische Nationalisten entpuppten.

Ein besonderes Verhältnis zu Milošević hatte Milovan Djilas, Jugoslawiens Regimekritiker Nummer eins, der zu Titos Zeiten neun Jahre im Gefängnis verbracht hatte und dessen Werke in seinem Heimatland nicht hatten erscheinen dürfen. Er machte kein Hehl daraus, daß ihm Miloševićs Nationalismus zutiefst zuwider war, dennoch lehnte er es ab, sich öffentlich über ihn zu äußern. »Ich habe in bezug auf ihn einen schwachen Punkt«, sagte er in einem Interview, »ich habe unter ihm die Möglichkeit bekommen, meine Bücher in Jugoslawien zu veröffentlichen.«

Die Legitimierung seiner Macht durch die geistige Elite der Nation war aber für Milošević nicht vollständig, solange sie nicht auch durch Dobrica Ćosić erfolgte. Dobrica Ćosić, Jahrgang 1921, hatte politisch eine Karriere mit vielen Wendungen hinter sich. Er war in seinen jungen Jahren als überzeugter Kommunist bei den Tito-Partisanen gewesen. Tito schätzte sein schriftstellerisches Werk und nahm ihn auf Reisen mit, besonders auf die mit großem Pomp absolvierte Ostasienreise in den fünfziger Jahren. Ćosić genoß auch das Vertrauen Rankovićs und konnte für viele seiner Schriftstellerkollegen, die mit dem Regime in Konflikt gekommen waren, bei dem berüchtigten Polizeiminister intervenieren. Er war ein serbischer Patriot, gleichzeitig aber auch ein überzeugter Jugoslawe.

1968 brach er mit der Partei. Als Mitglied des ZK hatte er
als Serbe die Politik gegenüber den Albanern im Kosovo kritisiert. In einer Ausweitung der albanischen Autonomie nach
dem Sturz Rankovićs sah er eine Gefahr für das Serbentum.
Die Partei schloß ihn aus und verhängte ein öffentliches Auftrittsverbot über ihn. Sie wagte es jedoch nicht, die Verbreitung seiner Bücher zu verbieten. Denn Ćosić hatte eine große,
vielleicht sogar die größte Lesergemeinde im Lande. Vor
allem seine Romane über den Ersten und Zweiten Weltkrieg
erzielten hohe Auflagen.

Nach 1968 führte sein politisches wie schriftstellerisches
Prestige dazu, daß er zu einer zentralen Figur der Opposition
in Serbien wurde, einer Opposition, die sehr vielschichtig
war. Sein Haus, nicht weit von Titos Residenz in Dedinje,
war der Treffpunkt von Leuten der verschiedensten politischen Couleurs. Er war mit Djilas befreundet, er brachte
später aber auch einen Radovan Karadžić mit Milošević zusammen. Ende der achtziger Jahre gründete er den Ausschuß
zur Verteidigung der Meinungsfreiheit, der eines Tages sogar
für eine Überprüfung der historischen Rolle Titos eintreten
sollte.

Obwohl er bis zur Machtergreifung Miloševićs nur im Hintergrund wirken konnte, war er in der serbischen Öffentlichkeit eine überaus bestimmende Figur. Vor allem sah man in
ihm den Schöpfer eines serbischen Nationalprogrammes, obwohl es ein solches als politisches Dokument gar nicht gab,
sieht man von dem »Memorandum« der Serbischen Akademie ab, an dem aber Ćosić gar nicht mitgearbeitet haben will.
Doch das hat ihm eigentlich niemand so richtig abgenommen, denn das Memorandum gab an vielen Stellen seine
Ansichten wieder.

Die Annäherung zwischen Milošević und Ćosić erfolgte

sehr zögernd, obwohl sie Nachbarn waren. Offensichtlich wollte sich keiner etwas vergeben, aber Milošević brauchte Ćosić zur Legitimierung seiner Macht. Und auf Ćosić hatte Macht zeit seines Lebens eine unwiderstehliche Faszination ausgeübt.

Aber würde er in die aktive Politik gehen? Immer wieder hatte Ćosić betont, er denke nicht daran, seine Freiheit als Schriftsteller aufzugeben. Im Frühjahr 1992 wurde er trotzdem der erste Präsident der »Bundesrepublik Jugoslawien«, wie sich das aus Serbien und Montenegro bestehende Rumpf-Jugoslawien nannte. Eine internationale Anerkennung dieses von Milošević erfundenen Staatsgebildes konnte aber auch Ćosić nicht herbeiführen.

28

Milošević macht die Armee zu seinem Werkzeug

AM ABEND DES 25. JANUAR 1991 STRAHLTE DAS BELGRADER Fernsehen einen sensationellen Filmbericht aus. Er zeigte den damaligen kroatischen Verteidigungsminister General Martin Špegelj bei der Organisation illegaler Waffenlieferungen aus Ungarn. In einem Interview drohte Špegelj außerdem den in Kroatien stationierten Angehörigen der »Jugoslawischen Volksarmee« (JNA) mit Vergeltungsschlägen, falls diese einen Putsch in Kroatien unternehmen sollten.

Es stellte sich bald heraus, daß der Film keine Arbeit des Belgrader Fernsehens, sondern des KOS, des Nachrichtendienstes der Armee, war und mit versteckter Kamera aufgenommen worden war. Damit war auch das Ziel klar: Es sollte gezeigt werden, daß das neue nichtkommunistische Regime in Kroatien unter Präsident Tudjman sich insgeheim bewaffne, um Kroatien von Jugoslawien abzuspalten, und daß die JNA daher das Recht habe, zum Schutze Jugoslawiens in Kroatien einzugreifen.

Zu dieser Intervention kam es aber dann doch nicht, weil die Armeeführung nicht den nötigen politischen Rückhalt durch ein einstimmiges Votum des Staatspräsidiums erhielt. Außerdem gingen Tudjman und Špegelj bei der Aufrüstung der kroatischen Polizeireserven mit äußerster Vorsicht und Zurückhaltung vor.

Damit war aber das Thema Armee im Zusammenhang mit den Auseinandersetzungen um Jugoslawiens Zukunft noch nicht vom Tisch. Im Gegenteil: Im Frühjahr 1991 fanden zwischen der Armeeführung mit Verteidigungsminister

Armeegeneral Veljko Kadijević an der Spitze, dem Staatspräsidium beziehungsweise seinem Präsidenten, dem Serben Borisav Jović, und dem serbischen Präsidenten Slobodan Milošević hektische Verhandlungen statt, ob die Armee im ganzen Land oder auch nur in Slowenien und Kroatien den Ausnahmezustand ausrufen und die Macht übernehmen solle. Während es darüber noch ein heftiges Tauziehen gab, weil auch in der Armeeführung die Meinungen darüber auseinandergingen, kam es am 9. März in Belgrad zu Massenkundgebungen der Oppositionsparteien und der Studenten gegen Milošević und sein undemokratisches Regime. Der Präsident Serbiens konnte diesen Aufruhr nur mit Hilfe der Sonderpolizei und der Armee unterdrücken.

Den Einsatz letzterer hatte Borisav Jović im Namen des Staatspräsidiums angefordert – ein Vorgehen, das nach Ansicht der Vertreter Sloweniens und Kroatiens verfassungswidrig war. Denn es waren weder die Unabhängigkeit und Souveränität Jugoslawiens bedroht noch die territoriale Gesamtheit des Staates, wie im Artikel 240 der damals ja noch geltenden Verfassung der Sozialistischen Föderativen Republik Jugoslawien (SFRJ) festgelegt war.

Wahrscheinlich haben aber Jović und die Armeeführung an eine andere, ebenfalls im Artikel 240 festgelegte Aufgabe der Armee gedacht, als sie die Panzer in die Straßen Belgrads gegen die Demonstranten schickten: Nach dem Willen Titos sollte diese auch die in der Verfassung festgelegte »gesellschaftliche Ordnung« des Staates schützen.

Noch im Herbst 1990, also ein halbes Jahr vor den Unruhen in Belgrad, als in Slowenien und Kroatien längst nicht mehr kommunistische, sondern aus freien Wahlen hervorgegangene Regierungen an der Macht waren, hatte sich Verteidigungsminister Kadijević offen zur sozialistischen Idee bekannt, ihr gehöre, wie er sagte, »historisch gesehen die Zukunft«. Den »von außen gesteuerten« und »jugoslawischen

Verhältnissen nicht entsprechenden politischen Pluralismus« hatte er abgelehnt. Und in einem Rundschreiben der Armee an ihre Kommandostellen und Einheiten vom Januar 1991 war davon die Rede, daß der Kalte Krieg noch immer im Gang, Jugoslawien von Feinden umgeben sei und eine internationale Verschwörung darauf abziele, die Kommunisten dort, wo sie in Jugoslawien noch regierten, zu beseitigen.

Zu diesem Zeitpunkt waren die kommunistischen Machtsysteme in Europa schon längst zusammengebrochen und in Jugoslawien war die kommunistische Bundespartei zerfallen. Selbst in der Armee gab es keine kommunistische Parteiorganisation mehr. Aber unter den Generälen lebte offensichtlich noch der alte Geist fort.

Am 15. März 1991 wurde die jugoslawische Öffentlichkeit durch einen weiteren Schachzug des serbischen Vorsitzenden des Staatspräsidiums überrascht: Jović trat zurück. Damals rätselte man im In- und Ausland über die Hintergründe dieses Entschlusses, heute sind die Motive Jovićs und die Miloševićs auch dank der Veröffentlichung von Jovićs Tagebuch klar: Die serbische Führung wollte an der Staatsführung Jugoslawiens ein politisches Vakuum schaffen, das es der Armee ermöglicht hätte, auf eigene Faust dort einzugreifen, wo sie das für notwendig hielt, vor allem in Kroatien. Verteidigungsminister Kadijević und Generalstabschef Božidar Adžić wollten jedoch einen »Militärputsch« ohne politische Rückendeckung nicht riskieren. Dabei spielten auch außenpolitische Erwägungen eine Rolle, zumal Kadijević bei einem Blitzbesuch in Moskau vom russischen Verteidigungsminister Jazow keine Zusicherung bekommen hatte, daß Rußland Jugoslawien unterstützen würde, falls sich durch einen Staatsstreich der Armee Schwierigkeiten mit dem Westen ergeben sollten. Der Plan Jovićs und Miloševićs schlug fehl, und Jović kehrte nach einigen Tagen auf seinen Posten zurück.

In all diesen und noch in den weiteren Auseinandersetzungen mit der Armeeführung im ersten Halbjahr 1991 ging es Milošević schon nicht mehr um ein Eingreifen der Armee zur Aufrechterhaltung Jugoslawiens, sondern um den Einsatz der JNA bei der Abspaltung der Krajina-Serben von einem unabhängigen Kroatien und später dann auch der Serben von Bosnien-Herzegowina.

Jović notiert in seinem Tagebuch schon am 28. Juni 1990, also ein Jahr vor der Selbständigkeitserklärung Sloweniens und Kroatiens, Milošević stimme mit der Idee,»Slowenien und Kroatien gehen zu lassen (aus Jugoslawien)« überein. Für ihn, Jović, stelle sich allerdings die Frage, was mit den Serben in Kroatien geschehen solle. Jović notiert unter diesem Datum auch die Äußerung Miloševićs, ohne Slowenien und Kroatien würde Jugoslawien immer noch 17 Millionen Einwohner zählen, und das wäre für europäische Verhältnisse genug.

Am 28. Februar 1991 erwähnt Jović in seinem Tagebuch, er habe mit Milošević über den Plan der Armee gesprochen, in Slowenien und Kroatien die dortigen Führungen abzusetzen und Militärverwaltungen einzurichten. Milošević habe dem zugestimmt, allerdings mit der Bemerkung, daß man Slowenien in Ruhe lassen und nur Kroatien »in die Zange nehmen« solle.

In den folgenden Wochen und Monaten verschärften sich die Verhältnisse in Kroatien. Die Krajina-Serben riefen eine selbständige »Serbische Republik Krajina« aus. Bei den Plitwitzer Seen und in Westslawonien überfielen serbische Freischärler kroatische Polizeistationen. Die Armee griff auch ein, vertrieb aber keineswegs die serbischen Angreifer, sicherte vielmehr deren »Eroberungen« gegenüber den kroatischen Ordnungskräften. Und in Ostslawonien, wo es im April und im Mai 1991 nicht nur zu Kämpfen zwischen örtlichen Kroaten und Serben kam, sondern wo serbische Freischärler, vor allem die »Četniks« des Führers der Radika-

len Partei Vojislav Šešelj aus dem Mutterland Serbien einge-
sickert waren, unterstützte die Armee offen die serbischen
Angreifer. Damit bezog sie im innerjugoslawischen Konflikt
ein zweites Mal eindeutig Position auf serbischer Seite.
Einen »jugoslawischen Rückfall« der Armee gab es allerdings noch einmal nach der Unabhängigkeitserklärung Sloweniens am 25. Juni 1991. Die JNA griff dort, wie man erklärte, zum Schutze der Grenzen Jugoslawiens gegenüber
Italien, Österreich und Ungarn ein. Doch diese bewaffnete
Intervention hatte nicht das Staatspräsidium, sondern die
jugoslawische Bundesregierung befohlen unter Ante Marković, einem jugoslawisch-zentralistisch eingestellten Kroaten. Milošević setzte seinen ganzen Einfluß ein, um diese
Intervention zu beenden, zumal die Armee im Kampf mit der
slowenischen Territorialverteidigung schlechte Figur machte.
Auch die Außenministermissionen der Europäischen Union
übten Druck aus im Hinblick auf einen Waffenstillstand in
Slowenien. Am 18. Juli 1991 gaben dann das Staatspräsidium
und die Armeeführung überraschend die Beendigung der
Kämpfe in Slowenien bekannt und verfügten den Abzug der
JNA-Einheiten. Milošević sollte diese noch für seinen
geplanten Krieg in Kroatien und in Bosnien-Herzegowina
brauchen.

Zunächst führt die Armee in Kroatien einen regelrechten
Krieg zur »Befreiung« der Gebiete mit serbischer Mehrheit
oder einem starken serbischen Bevölkerungsanteil. Zum
Symbol dieses Krieges wird die Stadt Vukovar in Ostslawonien, deren Einwohner zu 42% aus Kroaten und zu 36% aus
Serben bestehen, der Rest sind Ungarn und andere Nationalitäten. Seit dem Spätsommer 1991 ist sie dem nahezu pau-
senlosen Artillerie- und Raketenbeschuß der Armee ausgesetzt. Als die kroatischen Verteidiger in den Ruinen der Stadt
am 17. November kapitulieren müssen, werden die Einwohner, die die Belagerung überlebt haben, dem Morden und

»ethnischen Säuberungen« durch die Banden der Četniks und der »Tiger« des Kriminellen Arkan überlassen.

In Dalmatien tragen die Armee und die Miliz der Krajina-Serben den Krieg bis vor die historisch und kulturell bedeutenden Städte Zadar und Šibenik. Schließlich schreckt die Armee nicht eimal davor zurück, die »Perle der Adria« , das unter dem Schutz der UNESCO stehende Dubrovnik, vom Land und von der See her unter Beschuß zu nehmen. Diese Barbarei hört erst auf, als sich in der ganzen Welt ein Sturm der Entrüstung erhebt.

Zusammen mit irregulären Einheiten auch aus Serbien selbst gelingt es der Armee, in einem fünfmonatigen Krieg gegen die erst im Aufbau begriffenen kroatischen Streitkräfte die vornehmlich von Serben bewohnten Gebiete zu erobern und die meisten der überlebenden Kroaten zu vertreiben.

Zu einer Waffenruhe kommt es erst, nachdem die Serben zirka 25% des kroatischen Territoriums erobert haben, und sich um die Jahreswende 1991/92 abzeichnet, daß die EG-Staaten die Selbständigkeit Sloweniens und Kroatiens anerkennen würden. Deutschland macht zu Weihnachten 1991 den Anfang, und die übrigen Staaten der Gemeinschaften folgen am 15. Januar 1992. Zur gleichen Zeit gelingt es dem ehemaligen US-Außenminister Vance als Vermittler der UNO, eine Waffenruhe zu vereinbaren. Es ist die fünfzehnte Vereinbarung dieser Art und die erste, die hält.

Man einigt sich auch über die Entsendung einer UNO-Schutztruppe, UNPROFOR genannt, nach Kroatien. Die »Blauhelme« in Stärke von 14.000 Mann sollen in drei Schutzzonen stationiert werden: in Ostslawonien, Westslawonien und der Krajina, dem dalmatinischen Hinterland um Knin, allesamt Regionen der selbstproklamierten, von niemandem, auch nicht von Belgrad, anerkannten »Serbischen Republik Krajina«.

Nach dem sogenannten Vance-Plan sollen die Blauhelme

die Einhaltung des Waffenstillstandes sichern, den Abzug der jugoslawischen Armee aus den Schutzzonen kontrollieren und für die Entwaffnung der irregulären serbischen Verbände sorgen. Sie sollen aber auch die Fortsetzung der »ethnischen Säuberungen« verhindern, die Rückkehr der Flüchtlinge ermöglichen und den Wiederaufbau der lokalen Polizei entsprechend der nationalen Zusammensetzung der Bevölkerung aus der Zeit vor den Feindseligkeiten in die Wege leiten.

Von diesen Aufträgen können die »Blauhelme« keinen einzigen erfüllen, denn die Serben betrachten ihre Eroberungen als endgültige »Befreiungen«. Zwischen Zagreb und Belgrad ergeben sich aber von allem Anfang an Meinungsverschiedenheiten über die Bewertung der kroatischen Souveränität durch den Vance-Plan. Die kroatische Regierung sieht in ihm eine Bestätigung der kroatischen Souveränität auch in den von den Serben besetzten Gebieten. Milošević hingegen ist der Meinung, daß der Vance-Plan die politische Zukunft der Krajina nicht präjudiziere. Diese sollte erst auf einer Friedenskonferenz über das ehemalige Jugoslawien geregelt werden. Sein Kriegsziel, die Serben in Kroatien zunächst einmal aus dem selbständig gewordenen Kroatien herauszulösen, hat Milošević vorläufig erreicht.

29

Als Serbien nicht im Krieg war ...

In der führenden Tageszeitung Belgrads, der *Politika*, erscheint am 20. November 1992 folgende Anzeige: »Sechs Monate sind vergangen, seit unser lebensfroher geliebter Sohn und Bruder Marko Hrnjak umgekommen ist. Am 5. Juli 1972 geboren, Student an der Fakultät für Architektur in Belgrad, leistete er seinen Militärdienst als Fallschirmjäger ab. Er fand den Tod am 23. Mai 1992 in der Umgebung von Mostar, zu einem Zeitpunkt, als ›Serbien nicht im Kriege war‹, als ›kein Soldat und Staatsbürger der Republik Serbien sich außerhalb Serbiens befand‹. Und wir fragen weiter: Wer hat Marko getötet? Irgendein unglücklicher junger Gegner, ein Heckenschütze, ein Muslim oder sein General? Wir treffen uns am Sonntag, den 22. November 1992, am Zentralfriedhof von Belgrad, um an Markos Grab seiner zu gedenken und noch einmal seiner mißbrauchten Tapferkeit und abgebrochenen Jugend die Ehre zu erweisen.« Gezeichnet hatten die Eltern und die Schwester.

Es ist in Serbien üblich, daß sich die Familie und die Freunde des Verstorbenen zuerst nach den ersten vierzig Tagen nach dem Tod, dann nach einem halben Jahr und natürlich am Jahrestag des Todes am Grabe einfinden, um des Verstorbenen zu gedenken. Und die Angehörigen geben Zeit und Ort eines solchen Gedenkens auch immer durch eine Anzeige in der örtlichen Zeitung bekannt.

Das außergewöhnliche an der Anzeige in der *Politika* war der offene Hinweis darauf, daß Soldaten aus Serbien auf Kriegsschauplätzen außerhalb Serbiens eingesetzt wurden. Dieser Hinweis erfolgte zu einem Zeitpunkt, da Slobodan

Milošević als Serbiens Präsident öffentlich und auch gegenüber seinen Gesprächspartnern aus dem Ausland kalt behauptete, Serbien führe keinen Krieg, und kein serbischer Soldat befinde sich im Einsatz außerhalb der Grenzen der Republik. Es kämpften also, laut Milošević, weder in Bosnien Soldaten aus Serbien, noch gab es welche in der Krajina, also auf kroatischem Gebiet, die dort die serbischen Milizen verstärkten.

Die Eltern des Fallschirmjägers Marko Hrnjak bezichtigten also ihren Präsidenten öffentlich der Lüge. Sie bewiesen damit mehr Mut als die Vertreter der internationalen Gemeinschaften, die die absurden Behauptungen Miloševićs seinerzeit nicht entschieden öffentlich zurückwiesen.

Wann hatte dieser Krieg in Kroatien und Bosnien überhaupt begonnen? Oder anders gefragt: Ab wann waren Milošević und die Führung der »Jugoslawischen Volksarmee« bereit, innerhalb Jugoslawiens Krieg zu führen? Verfolgten sie mit dem Krieg die gleichen Ziele? Wollten sie Jugoslawien erhalten oder strebten sie ein Groß-Serbien an, also die Vereinigung aller auf dem Gebiet Jugoslawiens lebenden Serben innerhalb der Grenzen einer Republik Serbien? Sollte das Motto gelten: Wo sich ein serbisches Grab befindet, ist Serbien?

Noch gibt es nicht genügend Unterlagen, um alle Hintergründe des politischen Zerfalls Jugoslawiens und der Kriege in Slowenien, Kroatien und Bosnien darzulegen. Es sind jedoch schon Memoiren und Tagebücher maßgeblicher Persönlichkeiten wie des Verteidigungsministers Veljko Kadijević oder des Vorsitzenden des jugoslawischen Staatspräsidiums, Borisav Jović, erschienen. Auch sind Interviews mit den Hauptakteuren ab dem Jahr 1989 in der Fernsehserie »Bruderkrieg« veröffentlicht worden, die Einblick in die Vorgänge der entscheidenden Jahre ermöglichen.

Slobodan Milošević hatte, wie wir uns erinnern, in seiner

Rede bei der 600-Jahr-Feier der Schlacht auf dem Amselfeld am 28. Juni 1989 gesagt, daß dem serbischen Volk wieder Kämpfe bevorstünden, auch bewaffnete Kämpfe seien nicht auszuschließen. Meinte er damit die Kämpfe im Kosovo, wo es schon im Frühjahr des gleichen Jahres bei der Unterdrückung der Demonstrationen der Albaner Dutzende Tote gegeben hatte und es 1990 noch mehr Tote geben sollte? Oder meinte er, daß eines nicht allzufernen Tages gezwungenermaßen die Armee in Aktion treten würde, um mit Gewalt einen Zerfall Jugoslawiens zu verhindern?

Zu Jahresende 1989 scheint es Milošević noch um Jugoslawien, allerdings ein Jugoslawien unter seiner Herrschaft, gegangen zu sein. In Serbien, einschließlich der autonomen Provinzen Kosovo und Vojvodina, und auch in Montenegro hatte er mit Hilfe von Massenaufmärschen und der Polizei in den regionalen Führungen von Partei und Staat alle Funktionäre ausgeschaltet, die seinen Absichten im Wege standen, und durch willfährige Leute ersetzt. Am 1. Dezember 1989 plante er das gleiche in Slowenien – der Konflikt mit der zwar noch kommunistischen, aber schon reformatorischen Führung war bereits unübersehbar –, er wollte an diesem Tag Zehntausende Serben nach Ljubljana transportieren, um dort das slowenische Volk über die Politik der serbischen Führung »aufzuklären«.

Der Plan mißlang, weil die slowenische Führung vorsichtig war und sich nicht überrumpeln ließ. Sie verbot die Kundgebung der Serben in Ljubljana und versagte den ungebetenen Gästen die Einreise. Darauf brach Serbien die politischen, kulturellen und wirtschaftlichen Beziehungen zu Slowenien ab – womit der Zerfall Jugoslawiens bereits begonnen hatte.

Im folgenden Januar wurde der jugoslawischen Föderation ein zweiter Schlag zugefügt. Der 14. Parteikongreß des »Bundes der Kommunisten Jugoslawiens« (BKJ) lehnte fast alle

Reformvorschläge der slowenischen Kommunisten ab, worauf diese den Kongreß verließen. Milošević wollte eine Rumpfpartei in Kauf nehmen und den Kongreß ohne die Slowenen fortsetzen. Dem widersetzten sich aber nicht nur die Kroaten, sondern auch die Bosnier, Mazedonier und sogar die Parteiorganisation der Armee. Der Kongreß wurde vertagt und trat nie wieder zusammen. Titos Partei, die nach dem Willen ihres Schöpfers der Integrationsfaktor im Vielvölkerstaat Jugoslawien hätte sein sollen, war zerfallen.

Milošević mußte wohl um die Jahreswende 1989/90 zu der Erkenntnis gekommen sein, daß Jugoslawien in seiner Form als Föderation nicht Serbien unterworfen werden konnte und daher der Austritt Sloweniens und Kroatiens und eventuell auch Mazedoniens in Kauf zu nehmen sei. Vorausgesetzt, daß die Serben in Kroatien und in Bosnien-Herzegowina sich von diesen Republiken lösen und sich Serbien anschließen würden, also ein Rumpf-Jugoslawien entstünde, das praktisch ein Groß-Serbien wäre. Was, wenn nötig, auch mit kriegerischen Mitteln durchgesetzt werden müsse.

Ein Vorspiel ereignete sich bereits im Juli 1990 auf kroatischem Boden mit der »Baumstammrevolution« der Kraijna-Serben. Straßensperren aus Holzbalken sollten ein Eingreifen der kroatischen Sonderpolizei verhindern, nachdem serbische Polizisten der Krajina ihre kroatischen Kollegen entwaffnet und zusammen mit serbischen Freischärlern die Polizeistationen besetzt hatten. In der Region wurde eine von den kroatischen Behörden unabhängige serbische Verwaltung aufgebaut und die gesamte Region schließlich nach einer Volksabstimmung für autonom erklärt. Als die Regierung in Zagreb mit zwei Hubschraubern Angehörige der Sonderpolizei in das Krisengebiet fliegen wollte, um diesem Aufruhr ein Ende zu bereiten, verhinderte das Luftwaffenkommando der JNA den kroatischen Einsatz. Die Hubschrauber mußten zurückkehren.

Es war das erste Mal, daß die JNA in innerjugoslawische Auseinandersetzungen eingriff. Die offizielle Erklärung lautete »um bewaffnete Zusammenstöße zwischen der kroatischen Polizei und bewaffneten Serben zu verhindern«. Wollte sie damit ihrem Verfassungsauftrag nachkommen und die »Sozialistische Föderative Republik Jugoslawien« schützen und erhalten, oder griff sie im Interesse der Zielsetzungen Serbiens ein?

Im Gegensatz zu Milošević, der sich Anfang 1990 bereits für den großserbischen Kurs entschieden hatte, scheint in der Armeeführung nach den bisher verfügbaren Informationen zu jenem Zeitpunkt noch keine Entscheidung zugunsten der einen oder der anderen Seite gefallen zu sein.

Der Herbst des Jahres 1990 brachte jedoch eine Reihe weiterer Entscheidungen, die auf eine radikale Umgestaltung oder sogar Auflösung Jugoslawiens hindeuteten. Zuerst erhielt Serbien Ende September eine neue Verfassung, die trotz einiger Hinweise auf die Zugehörigkeit Serbiens zur jugoslawischen Föderation völlig auf ein souveränes, selbständiges Serbien zugeschnitten war. Dem Republikpräsidenten räumte diese neue Verfassung eine besonders starke Stellung ein, er ernannte praktisch den Regierungschef, und er war Oberbefehlshaber nicht nur der Territorialarmee, sondern der Streitkräfte insgesamt, obwohl es eine speziell serbische Armee damals noch gar nicht gab. Über die eventuelle Zugehörigkeit Serbiens zu einer jugoslawischen Konföderation sagte diese Verfassung nichts aus – Milošević hatte ja eine Konföderation bisher abgelehnt.

Kroatiens und Sloweniens Ziel war nach wie vor, Jugoslawien in eine Konföderation selbständiger, souveräner Staaten umzuwandeln. Anfang Oktober unterbreiteten sie einen entsprechenden Vorschlag. Knapp vor Jahresende sprachen sich 88% der slowenischen Wähler für ein souveränes und unabhängiges Slowenien aus. Auch der *Sabor*, das kroatische Parlament, verabschiedete eine neue Verfassung, in der Kroatien staatsrechtlich als unabhängig von Jugoslawien deklariert wurde. Jugoslawien wird darin nur ein einziges Mal erwähnt, und zwar im Artikel 140, in dem es heißt, Kroatien bleibe bis zu einer neuen Übereinkunft der jugoslawischen Republiken oder bis der *Sabor* anders entscheidet, im Verband der »Sozialistischen Föderativen Republik Jugoslawien«. Damit hatten sich die beiden westlichen Teilrepubliken zwar noch nicht von Jugoslawien getrennt, aber doch schon die politische und staatsrechtliche Grundlage für eine Loslösung geschaffen.

Am 16. März 1991, also mehr als drei Monate vor den endgültigen Unabhängigkeitserklärungen Sloweniens und Kroatiens, sagte Milošević in einer geschlossenen Sitzung der Vorsitzenden der Kommunen (Großgemeinden) Serbiens: »Wir sind einfach der Meinung, daß es das legitime Recht und das Interesse des serbischen Volkes ist, in einem einzigen Staat zu leben. Das ist unser A und O. Dieses legitime Interesse der serbischen Nation bedroht nicht das Interesse irgendeines anderen Volkes. Übrigens, was brauchen sie (die Kroaten, A. d. A.) diese Serben, die ihnen so im Wege sind, in Knin, in Petrinja und Glin, in der Lika, der Banja, im Kordun und in der Baranja, wenn das so ein Problem ist ... und wenn wir uns prügeln müssen, dann in Gottes Namen werden wir uns prügeln. Ich hoffe, es werden nicht viele sein, die sich mit uns schlagen wollen. Denn wenn wir auch vielleicht nicht gut arbeiten und wirtschaften können, wie man sich schlägt, das wissen wir allemal gut.«

Das war eine ganz klare Proklamation des Grundsatzes »Serbien zuerst« und der Abspaltung der mehrheitlich von Serben bewohnten Gebiete von Kroatien, wenn nötig mit Gewalt.

30.

Vom Bosnien-Konflikt zum innerserbischen Streit

SLAVOLJUB DJUKIĆ BERICHTET IN SEINER MILOŠEVIĆ-Biographie, daß er im März 1991 auf der Rückfahrt vom Ja-horina-Skigebiet bei Sarajewo in einem Café auf Vojislav Šešelj, den Führer der Radikalen Partei in Serbien, gestoßen sei. Als alten Bekannten habe er ihn gefragt, wohin er denn unterwegs sei, und Šešelj habe geantwortet:»No, in Bosnien bin ich unterwegs, um dort den Aufstand auszurufen.« Ob es denn schon so weit sei, habe er, Djukić, gefragt.»Es ist so weit, es ist so weit«, habe Šešelj erwidert, und alle Leute im Café hätten gelacht. Zwei Tage später hätte er in der Zeitung gelesen, daß Šešelj in Pale mit Radovan Karadžić, dem Füh-rer der bosnischen Serben, zusammengetroffen sei. Das war ein Jahr vor Beginn der Kämpfe in Bosnien.

Šešeljs extrem nationalistische Radikale Partei war zu die-sem Zeitpunkt nach Miloševićs Sozialisten die zweitstärkste Partei im Belgrader Parlament. Sie zählte zu den Oppositionsparteien, aber ihr Führer, unter den Kommunisten zu einer achtjährigen Gefängnisstrafe verurteilt, war zu diesem Zeitpunkt so etwas wie Miloševićs Mann fürs Grobe. Seine »Četniks« beteiligten sich zunächst als irreguläre Einheiten an der Seite der Armee am Krieg gegen Kroatien. Šešelj sollte sich dann auch in den Auseinandersetzungen zwischen Milošević und dem zeitweiligen Präsidenten von Rumpf-Jugoslawien, Dobrica Ćosić, wie auch mit dessen Regierungs-chef, Milan Panić, für den serbischen Präsidenten als außer-ordentlich nützlich erweisen.

Es kann nicht die Aufgabe dieses Buches sein, den Krieg

in Bosnien-Herzegowina in allen Einzelheiten nachzuzeichnen. Es muß aber beschrieben werden, mit welchen Mitteln und in welchen Etappen das Regime Milošević, die Armee und die Serben in Bosnien-Herzegowina ihr Ziel – die Zerstörung des Drei-Nationen-Staates und die Einverleibung der von den Serben eroberten Gebiete in ein größeres Serbien beziehungsweise ein Rumpf-Jugoslawien – zu verwirklichen versuchten.

In Bosnien-Herzegowina schlugen die Serben Ende März, Anfang April 1992 los. Die Anerkennung des Landes – mit seinen drei staatstragenden Nationen Muslime, Serben, Kroaten ein Jugoslawien im kleinen – durch die EU-Staaten am 6. April und durch die USA einen Tag später war nur ein Vorwand. Die Serben waren entschlossen, Bosnien-Herzegowina als einen multinationalen Staat auszulöschen. Für das Regime Milošević, den renommierten Schriftsteller Dobrica Cosić und auch den aus den USA herbeigeholten Geschäftsmann serbischer Abstammung Milan Panić waren die Muslime keine eigene Nation, sondern zum Islam übergetretene Serben, vielleicht auch noch Kroaten, auf alle Fälle aber Slawen, und gehörten in ihrer Mehrheit in einen gemeinsamen serbischen Staat.

Die Serben hatten ihren Krieg in Bosnien-Herzegowina gut vorbereitet. Starke Kontingente der JNA waren schon im Herbst und Winter 1991/92 aus Slowenien und Kroatien dorthin verlegt worden. Zwar verfügte die Armeeführung in Belgrad, daß alle Offiziere und Mannschaften, die nicht aus Bosnien-Herzegowina stammten, nach Rumpf-Jugoslawien abgezogen werden sollten, ob dies aber auch wirklich geschah, ist ungeklärt. Die im vorigen Kapitel erwähnte Todesanzeige läßt dies bezweifeln. Auf alle Fälle wurden wesentliche Teile der Ausrüstung der JNA-Verbände in Bosnien-Herzegowina nicht entfernt, ganz abgesehen davon, daß die Armee in dem gebirgigen Land noch aus der Tito-Zeit wichtige Rüstungsbetriebe und Lager unterhielt. Die dortigen serbischen Streitkräfte, ebenso wie die Freischärler, verfügten also über genügend Waffen, auch weitreichende Geschütze, Panzer, Raketen und Flugzeuge, um sich gegen die nur mangelhaft ausgerüsteten muslimischen und kroatischen Milizen durchsetzen zu können.

Daß die internationale Anerkennung von Bosnien-Herzegowina für die Serben nur ein Vorwand war, mit dem Krieg zu beginnen, zeigt der Fall Bjeljina. Die kleine Stadt im Nordosten Bosniens, nahe der Grenze zu Serbien, wurde schon am 2. April durch die berüchtigten »Tiger« des von Interpol gesuchten Željko Ražnjatović, genannt »Kapitän Arkan«, überfallen, diese richteten unter der muslimischen Bevölkerung ein Massaker an. Am 5. und 6. April brach dann der Krieg um die Hauptstadt Sarajevo in vollem Maße aus. Serbische Freischärler drangen in die Polizeiakademie ein, eine Friedensdemonstration in der Nähe des Hotels Holiday Inn wurde von Heckenschützen beschossen, und in den Straßen im Zentrum detonierten die Granaten der in den Bergen um die Stadt postierten serbischen Artillerie.

Als sich der Konflikt in Bosnien-Herzegowina bereits abzeichnete, unternahm der Jugoslawien-Vermittler der Europäischen Union, Lord Carrington, noch einen Versuch, diesen zu verhindern. Für den 9. März berief er eine Jugoslawien-Konferenz in Brüssel ein, auf der über die Schaffung einer staatlichen Neuordnung auf dem Boden des ehemaligen Jugoslawien, einem freien Zusammenschluß souveräner und unabhängiger Republiken, verhandelt werden sollte.

Slobodan Milošević hielt es nicht für notwendig, nach Brüssel zu kommen, er schickte seinen Außenminister Vladislav Jovanović. Dieser eröffnete den Konferenzteilnehmern, daß sich Serbien und Montenegro entschlossen hätten, »im gemeinsamen Staat Jugoslawien« zu bleiben, der damit seine Identität und staatliche Kontinuität sowie seine internationale und politisch-rechtliche Subjektivität bewahre. Mit anderen Worten: Nach Auffassung Belgrads und entgegen der Meinung der EU und der anderen internationalen Gemeinschaften bestehe Jugoslawien weiter und beanspruche auch weiter seinen Platz in der UNO und der OSZE.

Jovanović wies auch die Forderung nach einem verstärkten Schutz der Minderheiten, also zum Beispiel der Albaner in Serbien, mit der Behauptung zurück, diese Rechte seien bereits durch die Verfassung und die von Jugoslawien übernommenen internationalen Verpflichtungen gewährleistet. Es bestehe daher keine Notwendigkeit einer expliziten nochmaligen Sicherung.

Milošević und die Führung der bosnischen Serben zeigten sich auch keineswegs von der gemeinsamen Erklärung der USA und der EU vom 10. April beeindruckt, daß man keine Änderung der Grenzen der jugoslawischen Teilrepubliken durch Gewalt oder ohne jeweils beiderseitige Zustimmung dulden werde. Serbien und Montenegro wurden in der Erklärung außerdem aufgefordert, die territoriale Integrität der anderen Republiken zu respektieren, eine friedliche Entwicklung in Bosnien-Herzegowina innerhalb seiner bestehenden Grenzen zu sichern und mit den anderen vier ehemaligen Teilrepubliken über die staatliche Nachfolge Jugoslawiens zu verhandeln.

Die Serben führten den Krieg in Bosnien-Herzegowina rücksichtslos weiter, und die Muslime hatten ihren Angriffen zunächst militärisch kaum etwas entgegenzusetzen, während es den Kroaten gelang, ihr *Herceg-Bosna*, die westliche Herzegowina und Teile Mittelbosniens, im großen und ganzen zu sichern. Hand in Hand mit der militärischen Eroberung ging eine brutale Vertreibung der nichtserbischen Bevölkerung, zuerst aus den Gebieten entlang der Drina, dann auch aus den übrigen gewaltsam besetzten Teilen Bosniens und der Herzegowina, gleichgültig, ob dort vor Ausbruch der Feindseligkeiten die Serben oder die Nichtserben die Mehrheit gehabt hatten. Bald hatte die bestens ausgerüstete und aus dem »Mutterland Serbien« unterstützte Armee der bosnischen Serben an die 70% des Territoriums in ihre Gewalt gebracht, obwohl der serbische Anteil an der Gesamtbevölkerung Bosnien-Herzegowinas nur 31,3% betrug (Muslime 43,7%; Kroaten 17,3%). Um die Hauptstadt Sarajevo hatte diese einen Belagerungsring gelegt, der es ihr jederzeit ermöglichte, die Stadt unter Artilleriefeuer zu nehmen und die Zivilbevölkerung dem gezielten Terror durch Heckenschützen auszusetzen. Sie hatte auch den Flughafen unter ihrer Kontrolle und konnte dadurch den Zugang der UNO-Schutztruppe, der Funktionäre der Vereinten Nationen, der internationalen Vermittler und der Versorgungsflüge in die Hauptstadt jederzeit nach Belieben sperren oder öffnen.

Die Welt, einschließlich der internationalen Gemeinschaften, sah dieser serbischen Aggression zunächst hilflos zu, wenn man davon absieht, daß die UNO im Mai 1992 über Serbien und Montenegro ein Handelsembargo verhängte und ein Flugverbot über die Kriegsgebiete in Bosnien-Herzegowina aussprach, weil die dortigen serbischen Streitkräfte von der Luftwaffe der ehemaligen JNA aus Serbien selbst massiv unterstützt wurden. Außerdem verhängte die UNO ein Waffenembargo über alle ehemaligen Teilrepubliken. Dieses traf aber in erster Linie die Muslime und Kroaten.

Aus ihrer Lethargie wurde die internationale Gemeinschaft erst gerissen, als im Sommer 1992 die westlichen Medien über die von den Serben praktizierten Methoden der ethnischen Säuberungen und die Zustände in serbischen Konzentrations- und Gefangenenlagern berichteten. Die Bilder der durch Hunger ausgemergelten Gestalten, in deren Augen die Angst vor Folter und Tod stand, und die Berichte über systematische Vergewaltigungen muslimischer Frauen durch die serbische Soldateska alarmierten die Öffentlichkeit in den

USA und im europäischen Westen. Gleichzeitig nannten auch Diplomaten die Dinge endlich beim Namen, der ehemalige US-Botschafter in Belgrad, Warren Zimmermann, erklärte: »Was sich in Bosnien abspielt, ist Teil einer sorgfältig geplanten Strategie mit dem Ziel, daß die Serben, die dort leben, mit Gewalt zwei Drittel des Territoriums an sich reißen. Die Serben bilden aber nur ein Drittel der Bevölkerung Bosniens; wir sind also Zeugen einer offensichtlichen Aggression. Ein wesentlicher Teil dieser Strategie besteht außerdem in der in allen Details ausgearbeiteten Politik der Verdrängung der muslimischen Bevölkerung aus den eroberten Gebieten. Die Umsiedlung der Bevölkerung ist ein wesentliches Ziel Miloševićs und seiner Anhänger in Bosnien …«

Es war die Empörung der Öffentlichkeit über die »bosnischen Greuel« und die Untätigkeit der Staatskanzleien, die den britischen Premierminister John Major schließlich bewogen, Ende August 1992 eine Jugoslawien-Friedenskonferenz nach London einzuberufen.

Die Konferenz vereinbarte einen Waffenstillstand, der aber nicht eingehalten wurde, und sie verhängte ein militärisches Flugverbot über das Kriegsgebiet, um eine Unterstützung der serbischen Truppen in Bosnien durch die jugoslawische Luftwaffe von Serbien aus zu verhindern, was aber schwer zu kontrollieren war. Die berüchtigsten serbischen Lager wurden zwar aufgelassen, die Vertreibung der Nichtserben aus den von den Serben eroberten Gebieten wurde, wenn auch in unauffälliger Form, dennoch fortgesetzt.

Die von der Konferenz eingesetzten Vermittler, Lord Owen von seiten der EU und der ehemalige amerikanische Außenminister Cyrus Vance von den Vereinten Nationen, bemühten sich im Auftrag der Konferenz vergeblich um einen Waffenstillstand und hatten auch keinen Erfolg mit der ersten Fassung ihres Planes einer politischen Neuordnung Bosnien-Herzegowinas, der eine Aufteilung des Landes in zehn autonome Regionen vorsah. Serben wie Muslime lehnten ihn ab. Erst nach mehrmaligen Umarbeiten stimmten ihm außer den Kroaten auch Izetbegović für die Muslime und Milošević und Dobrica Ćosić für Serbien und Rumpf-Jugoslawien zu, nicht aber die Führung der bosnischen Serben. Nicht nur Milošević und Ćosić übten massiven Druck auf Karadžić aus, auch der damalige griechische Ministerpräsident Mitsotakis versuchte diesen zur Annahme des Planes zu bewegen. Er berief zu diesem Zweck zuerst eine Konferenz nach Athen ein, dann reiste er sogar nach Bosnien, um das Parlament der selbstproklamierten »Serbischen Republik« von dessen Entscheidung Karadžić seine Zustimmung abhängig gemacht hatte, umzustimmen. Vergebens, Karadžić und seine Leute blieben bei ihrem »Nein«, besonders als der Plan nach dem Parlament auch noch bei einer Volksabstimmung abgelehnt wurde.

Damit begann der innerserbische Konflikt zwischen Milošević und der Führung der bosnischen Serben mit Radovan Karadžić an der Spitze. Er setzte sich fort, als die sogenannte Kontaktgruppe, bestehend aus Vertretern der USA, Rußlands, Großbritanniens, Frankreichs und Deutschlands, ihrerseits einen Plan für die Neuordnung Bosnien-Herzegowinas vorlegte. Er sah bei Aufrechterhaltung der äußeren Grenzen Bosnien-Herzegowinas praktisch die Teilung des Landes in zwei staatliche Einheiten vor, eine muslimisch-bosnisch-kroatische Föderation, der 51% des Territoriums zufallen sollte, und eine serbische mit einem Territorialanteil von 49%. Beide Teile sollten die Möglichkeit haben, konföderale Beziehungen zu ihrem »Mutterland«, also einerseits zu Kroatien, andererseits zu Serbien beziehungsweise Rumpf-Jugoslawien, aufzunehmen. De facto lief der Plan auf eine Teilung Bosnien-Herzegowinas hinaus, wenn auch theoretisch die Einheit der international anerkannten Republik aufrechterhalten bleiben sollte.

Wieder stimmten nicht nur Kroaten und Muslime, sondern auch Milošević zu, wieder lehnten Karadžić und seine Militärs ab. Milošević brach daraufhin im Herbst 1994 seine Beziehungen zu Karadžić ab und sperrte die Grenze zwischen Rumpf-Jugoslawien und der »Serbischen Republik« in Bosnien. Nur humanitäre Transporte sollten erlaubt sein.

Inwieweit dieses interne Embargo tatsächlich praktiziert wurde, bleibt dahingestellt. Die wenigen internationalen Kontrolleure, die an der langen und über weite Strecken unübersichtlichen Grenze postiert waren, konnten eine wirksame Überwachung gar nicht ausüben. Außerdem war bei der engen personellen Verflechtung aus den Zeiten der JNA eine Zusammenarbeit zwischen der serbischen und der serbisch-bosnischen Armee kaum auszuschließen. Jedenfalls blieb letztere mit Waffen- und Kommunikationssystemen moderner Art auch weiterhin ausgerüstet.

Es gab Stimmen, im ehemaligen Jugoslawien wie im Ausland, die an einen echten politischen Konflikt zwischen Milošević und Karadžić nicht glauben wollten, und die beiden eines abgekarteten Spiels mit verteilten Rollen verdächtigten. Dem dürfte aber nicht so gewesen sein, auch wenn sich Karadžić und die gesamte Führung der bosnischen Serben Ende August 1995 plötzlich der Autorität des serbischen Präsidenten unterwarfen und ihm die Vollmacht für Verhandlungen mit den internationalen Instanzen im Namen der bosnischen Serben übertrugen. Entscheidend für diesen Entschluß dürfte gewesen sein, daß das Internationale Tribunal in Den Haag Radovan Karadžić und den Oberbefehlshaber der bosnisch-serbischen Truppen, General Ratko Mladić, der Kriegsverbrechen angeklagt hatte.

Wo aber lagen eigentlich die Wurzeln des innerserbischen Konfliktes? In verschiedenen Standpunkten zu den territorialen Ansprüchen der Serben in Bosnien, in rein persönlichen Machtkonflikten oder in gegensätzlichen Auffassungen über die Lösung der »serbischen Frage«? In allen dreien, nicht voneinander zu trennenden Komplexen? Oder in der Auseinandersetzung zwischen dem politischen Pragmatiker kommunistischer Prägung Milošević und dem national-religiösen Fanatiker Karadžić über Serbiens Zukunft? Eine Auseinandersetzung, die sich wohl auf das innerpolitische Kräfteverhältnis in Serbien auswirken konnte, zumal Karadžić die Unterstützung der orthodoxen Kirche und eines Teils der parlamentarischen Opposition in Belgrad hatte.

Zu welchem Schluß wir auch kommen werden, sicher ist, es war der erste innerserbische Konflikt dieser Art. Denn bis dahin hatten die Serben außerhalb ihres Stammlandes keine politische Stimme gehabt, sie waren immer der Politik Belgrads gefolgt.

31

Ćosić/Panić –
ein undurchsichtiges Zwischenspiel

FRAGT MAN SICH HEUTE, WAS SLOBODAN MILOŠEVIĆ WOHL
bewogen haben könnte, sich während des Bosnien-Krieges
zeitweise hinter dem Tandem Ćosić/Panić zu verstecken, ist
man nach wie vor nur auf Spekulationen angewiesen. Sicher
ist lediglich, daß sich der Präsident Serbiens im Frühjahr 1992
von der Wahl des überaus populären Schriftstellers Dobrica
Ćosić – er trug den Beinamen »Vater der Nation« – zum ersten Präsidenten der aus Serbien und Montenegro gebildeten
»Bundesrepublik Jugoslawien« einen großen Prestigegewinn
versprach, im In- wie auch im Ausland. Schließlich bean-
spruchte dieses Rumpf-Jugoslawien, wie sein Außenminister
Jovanović auf der Jugoslawien-Konferenz in Brüssel Anfang
1992 den EU-Ministern mitteilte, die Identität mit dem vor-
maligen Jugoslawien, also die staatliche Kontinuität, sowie
dessen internationale und politisch-rechtliche Subjektivität.
Und da konnte es nur von Vorteil sein, wenn Präsident und
Regierungschef als »unbelastete« Persönlichkeiten galten.

Milošević erwartete von ihnen, daß sie trotz des Krieges in
Bosnien die internationale Anerkennung der »Bundesrepublik Jugoslawien« und die Erneuerung der Mitgliedschaft und
der damit verbundenen Aktivitäten in den internationalen
Gemeinschaften erwirken würden. Außerdem sollten sie, vor
allem Panić durch seine Verbindungen in den USA, durchsetzen, daß die über Serbien und Montenegro verhängten
Sanktionen aufgehoben würden.

Daß Dobrica Ćosić Miloševićs Wunschkandidat war, ist
unbestritten. Gegenüber Bosnien-Herzegowina vertraten sie

die gleiche Einstellung, für beide waren die Muslime keine Nation, sondern Angehörige einer religiösen Gemeinschaft, und Bosnien-Herzegowina eine »historische Mißgeburt«, eine »vorübergehende und nicht aufrechtzuerhaltende Schöpfung, die niemals ein Staat war«, wie Ćosić es ausdrückte. Allerdings war Ćosić kein Mann des Krieges und in seiner Grundhaltung ein Demokrat, worin auch die Ursache seines späteren Konfliktes mit Milošević liegen sollte.

Wer Panić, den amerikanischen Geschäftsmann serbischer Abstammung, als Regierungschef von Rumpf-Jugoslawien »erfunden« hatte, ist noch immer nicht ganz klar. Manche behaupten, es sei Milošević selbst gewesen, über Geschäftsbeziehungen der Belgrader Pharma-Firma »Galenika« in die USA. Andere weisen aber darauf hin, daß Panić von Anfang an auf einen Sturz Miloševićs hingearbeitet habe.

Obwohl die »Bundesrepublik Jugoslawien« von niemandem anerkannt wurde, weder von einzelnen Staaten noch von einer der internationalen Organisationen, wurden Ćosić und Panić in die internationalen Verhandlungen über Jugoslawien im allgemeinen und den Krieg in Bosnien-Herzegowina im besonderen mit einbezogen. Außerdem entfaltete Panić eine fieberhafte Reisetätigkeit rund um den Globus, wobei er sich sozusagen im Gegensatz zu Milošević als »Mann des Friedens« präsentierte. Sogar in manchen EU-Staaten, wie Großbritannien und Frankreich, neigten die Regierungen dazu, Ćosić und Panić in dieser Rolle zu sehen, obwohl ihnen hätte klar sein müssen, daß sie Milošević nur als Ablenkungsmanöver dienten, während die bosnischen Serben und Milošević ihren Krieg weiterführen, ihre eroberten Gebiete sichern und von der muslimischen und kroatischen Bevölkerung »säubern« konnten.

Als Panić bei seinen internationalen Kontakten eine Linie vertrat, die Milošević nicht paßte, außerdem bei seinen Bemühungen um eine Aufhebung der Sanktionen keinen

Erfolg hatte und schließlich sogar noch gegen Milošević bei den Präsidentenwahlen in Serbien auftrat, war es mit der politischen Karriere Panićs zu Ende. Milošević bediente sich des Führers der Radikalen Partei, des Ultranationalisten Vojislav Šešelj, der Panić als einen Verräter und seine Mitarbeiter als ausländische Spione bezeichnete und deren Verhaftung forderte. Der Antrag, Panić seiner Funktion als Ministerpräsident der Bundesregierung zu entheben, wurde auch von den Abgeordneten der Sozialistischen Partei Miloševićs im Bundesparlament unterstützt. Panić war nicht einmal ein ganzes Jahr im Amt gewesen.

Dobrica Ćosić widerfuhr das gleiche Schicksal ein halbes Jahr später, Ende Juni 1993. Milošević verdächtigte ihn, sich durch das Militär eine Machtposition schaffen zu wollen. Den Vorwand für den Sturz Ćosićs lieferte eine Äußerung des Präsidenten auf einer Routinesitzung des Oberkommandos der Jugoslawischen Volksarmee. Es gebe Leute, so soll Ćosić dort gesagt haben, die ihn immer wieder fragten: »Worauf wartest du? Du hast doch die Armee!« Er habe dies, so erläuterte Ćosić im nachhinein, nicht gesagt, um mit den Generälen einen Putsch vorzubereiten, sondern im Gegenteil, um die Generäle vor einem solchen zu warnen. Die Äußerung wurde Milošević hinterbracht, der darin eine Bedrohung seiner Machtposition sah – und auch sofort handelte. Wieder mit Hilfe von Šešelj. Dieser beschuldigte im Bundesparlament Ćosić, die Verfassung zu verletzen und brachte einen Mißtrauensantrag gegen ihn ein. Da, wie im Falle Panić, auch diesmal Miloševićs Sozialisten für den Antrag stimmten, bedeutete dies den Sturz Ćosićs.

Rund ein Jahr war Ćosić Miloševićs Politik dienstbar gewesen, national im Verhältnis zu den Intellektuellen, international bei den Konferenzen über eine Beilegung des Bosnienkonfliktes und den Kontakten mit den EU- und UNO-Vermittlern. Daß Ćosić die Absicht gehabt hätte, mit Hilfe der

Generäle einen Putsch gegen Milošević vorzubereiten oder sich auch nur, gestützt auf die Armee, eine eigene Machtposition schaffen wollte, ist im höchsten Maße unwahrscheinlich. Milošević dürfte das auch im Ernst kaum angenommen haben. Vielleicht aber hat er die umgekehrte Möglichkeit gefürchtet, daß die Generäle ihrerseits ihm hätten gefährlich werden können und sich dabei Ćosićs als politisches Aushängeschild bedient hätten. Jedenfalls wurde wenige Wochen später auch Generalstabschef Života Panić (mit Milan Panić weder verwandt noch verschwägert) seines Postens enthoben.

Für den Sturz Ćosićs scheinen bei Milošević auch noch andere Erwägungen eine Rolle gespielt zu haben. Mitte des Jahres 1993 hatte Milošević offenbar bereits beschlossen, angesichts der bereits erzielten Eroberungen in Bosnien-Herzegowina und auch der »Unbotmäßigkeit« der Führung der bosnischen Serben den Krieg in Bosnien-Herzegowina zu beenden und als »Friedensengel« aufzutreten. Außerdem erstrebte er mit seiner neuen »Friedenspolitik« die Aufhebung der Sanktionen für Rumpf-Jugoslawien und wieder einen Platz in der internationalen Gemeinschaft. Natürlich bei Wahrung der im Krieg erreichten Gebietsgewinne. Die Lorbeeren für den Erfolg dieser Politik wollte er allein erringen – ohne Ćosić, ohne Panić oder irgend jemand anderen.

32

Milošević – der Zerstörer

DER SERBISCHE PRÄSIDENT SLOBODAN MILOŠEVIĆ GEHÖRT zweifelsohne in die Reihe der Schicksalsfiguren Serbiens, wenn auch im negativen Sinn. Alexander Karadjordje nannte man den »Einiger« – ob Milošević eines Tages den Beinamen der »Zerstörer« erhalten wird? Der amerikanische Botschafter Warren Zimmermann, der die USA in Belgrad vom Frühjahr 1989 bis zum Sommer 1992 vertreten und wiederholt lange Gespräche mit Milošević geführt hat, beschreibt ihn in einem Anfang 1995 in einem in *Foreign Affairs* veröffentlichten Bericht folgendermaßen: »Er ist ein Mann von ungewöhnlicher Kälte, nie habe ich ihn von einem Einzelfall menschlichen Leides angerührt gesehen; Menschen sind für ihn Volksgruppen (Serben, Muslime) oder einfach Abstraktionen. Ebensowenig habe ich ihn je etwas Nachsichtiges oder Großmütiges über einen Menschen sagen hören, nicht einmal über einen Serben. Dieser eisige Charakterzug machte es Milošević möglich, die von den serbischen Bürgern im Bosnienkrieg begangenen unsäglichen Grausamkeiten zu verzeihen, ja, zu begünstigen und sogar zu organisieren. Dieser erklärt auch seine übliche Verlogenheit, wie bei seiner unerhörten Verdrehung der Wahrheit im Hinblick auf das serbische Verhalten im Kosovo. Für Milošević hat die Wahrheit nur einen relativen Wert, dient sie seinen Zwecken, so wird sie angewendet, wenn nicht, kann man auf sie verzichten.« Und zu Miloševićs ideologischem Hintergrund heißt es: »Er ist kein Ideologe, sondern ein Opportunist, was ihn antreibt, ist nicht Nationalismus, sondern Machthunger. Mit dem Nationalismus hat er einen faustischen Pakt abgeschlossen, um an die Macht zu kommen und an der Macht zu bleiben.«

Die Charakterisierung Miloševićs von seiten prominenter Serben unterscheidet sich nicht wesentlich von der Zimmermanns. Srdja Popović, einst weltweit bekannter Verteidiger von Dissidenten in Jugoslawien, sagt von ihm: »Er hat keine Ziele auf lange Sicht ... Was er angefaßt hat, hat er verloren. Er hat das Kosovo verloren, er hat die Krajina verloren, er hat die Wirtschaft vernichtet, er hat das Land zerstört. Sein einziger Erfolg ist, daß er sich an der Macht gehalten hat.«

Dobrica Ćosić, der von Milošević eingesetzte und auch wieder abgesetzte erste Präsident der sogenannten »Bundesrepublik Jugoslawien«, war zuerst von Milošević angetan. Er bezeichnete ihn als einen Mann von großer Energie, politischer Begabung und starkem Willen. Er sei getragen von einem unheimlichen Selbstbewußtsein, seine Entscheidungen treffe er plötzlich, ohne daran zu denken, was morgen sein werde ... »Wie Tito blendet er seine Umgebung, indem er selbstbewußt und unverschämt Unwahrheiten sagt, denn er ist der Meinung, das Ziel heilige die Mittel und seine Funktion gebe ihm das Recht dazu.« Er sei ein eigenwilliger Despot, ohne große Ideen, ein richtiger Techniker der Macht. Ideologisch habe er sich weder vom Titoismus noch vom Kommunismus wirklich losgesagt. »Ich bin zu dem Schluß gekommen, daß die persönliche Macht ihm vor die Interessen des Staates geht, und das war meine größte Enttäuschung ... Heute betrachte ich ihn als eine verhängnisvolle Figur der serbischen nationalen Geschichte, als einen Menschen, der in dieser Zeit die größten historischen Chancen hatte. Heute ist er politisch eine anachronistische Erscheinung, und ich fürchte, daß seine Mission tragisch enden wird, in nationaler wie in persönlicher Hinsicht.«

33

»Für serbische Verbrechen
ist Gott zuständig ...«

VUK DRAŠKOVIĆ, FÜHRER DER OPPOSITIONELLEN »SER-
bischen Erneuerungsbewegung« soll, so wird berichtet, vor
den letzten Wahlen in einem Provinznest Serbiens eine
höchst erfolgreiche Versammlung abgehalten haben. Die
Leute seien seinen Ausführungen mit Interesse gefolgt und
hätten zum Schluß sogar applaudiert. Als sich dann die Mitarbeiter Draškovićs unter die Leute mischten und fragten, ob
sie denn jetzt statt Milošević Drašković wählen würden, erhielten sie zur Antwort:»Nein, wir wählen natürlich den Präsidenten. Sollte Drašković eines Tages Präsident werden,
werden wir ihn wählen.«
 Ob die Geschichte nun wahr ist oder nicht – sie illustriert
auf alle Fälle die Einstellung der Mehrzahl der Serben, vor
allem der Landbevölkerung, zur Macht, oder besser gesagt:
zum Repräsentanten der Macht. Seit den Zeiten von Karadjordje und Obrenović, König Alexander und schließlich auch
Tito war es die persönliche Macht des ersten Mannes im
Staat, die das politische Leben im Lande trug und auf die sich
die Menschen einstellten. Verfassungsmäßige Institutionen
sind anonym und nicht greifbar: Macht muß personifiziert
sein. Selbst wenn ihr Träger wie im Falle Milošević nichts
Volkstümliches oder Sympathisches an sich hat.
 Im Frühjahr 1995 hat eine Gruppe Belgrader Historiker, So-
ziologen und Politologen eine Arbeit »Über die persönliche
Macht in Serbien« an Hand des Wirkens von König Peter I.,
König Alexander und Tito vorgelegt. Darin kommen die
Autoren zu folgendem Schluß:»Auf dem Balkan war die per-

sönliche Macht in mehrfacher Hinsicht begünstigt durch die
autoritäre und konstitutionelle politische Kultur dieses
Raumes. Es gibt keinen Unterschied zwischen der privaten
und der amtlichen Sphäre, und die Ausübung der politischen
Macht ist zur Gänze die persönliche Sache des Herrschers ...«
In dem Kapitel über den Zusammenbruch des kommunistischen Systems in den ost- und südosteuropäischen Ländern
wird besonders darauf hingewiesen, daß in den meisten
dieser Länder der Präsident unmittelbar von den Bürgern
gewählt wird. »Aber nur in Serbien ist der Präsident keinem
einzigen institutionellen Organ verantwortlich. Über seine Abberufung entscheidet weder das Verfassungsgericht noch das
Parlament, sondern die Bürger mittels eines Referendums,
was wohl eine einzigartige Variante nicht nur in der südosteuropäischen Verfassungspraxis ist. Außerdem sind für die
Abberufung mehr Stimmen erforderlich als für die Wahl. Der
Präsident ist damit verfassungsmäßig zum Träger einer praktisch niemandem verantwortlichen und von niemandem kon-
trollierten Herrschaftsausübung gemacht worden.«
     Gibt es von dieser fast schon institutionalisierten persön-
lichen Macht, wie sie die meisten Phasen der serbischen Geschichte belegen, eine direkte Verbindung zur Gewaltanwen-
dung als politisches Mittel bei den Serben? Latinka Perović,
serbische Parteisekretärin während der kurzen liberalen Epo-
che Anfang der siebziger Jahre, hat einmal gesagt: »Die Gewalt ist das serbische Gesetz«, und weiter: »Unsere Reformen
werden nur auf brutale Art und Weise verwirklicht, einfach
mit Gewalt, niemals auf der Basis von Vereinbarungen. Überhaupt sind wir ein Volk – ich sage es, auch wenn man sich
darüber ärgert –, das Vereinbarungen nicht mag. Wir lösen
die Probleme, indem wir sie übers Knie brechen, sofort und
mit Gewalt ...«
     Von der Gewalt führt ein direkter Weg zur Waffe. Die Ser-
ben, so meint der führende serbische Architekt Bogdan Bog-

danović, einst Bürgermeister von Belgrad, hätten eine eroti-
sche Beziehung zur Waffe. »Was können Sie von einem Volk
erwarten, das von einer guten Frau sagt: Das ist eine gute
Flinte (*puška*). Die Frau mit einer Waffe gleichzusetzen, das
weist auf einen tiefsitzenden Komplex des balkanischen Menschen hin.«

Dieser Komplex ist auch der Stoff eines Buches, das den
schlichten Titel *»Nož«* (Das Messer) trägt und von dem schon
erwähnten Vuk Drašković stammt. Er schildert darin, wie im
Zweiten Weltkrieg in der Herzegowina die kroatisch-faschi-
stischen Ustaschas, die serbischen Četniks, die Tito-Partisanen und die Muslime, in wessen Auftrag auch immer, sich
gegenseitig abschlachteten.

In diesem Roman philosophiert ein Kämpfer über das
Messer: »Es gibt in unserem Volk ein Gerät, mit dem wir
besser umgehen können als irgend jemand anders auf der
Welt, und ein Wort, das wir am besten auf der Welt ausspre-
chen können. Dieses gar nicht komplizierte Gerät und dieses
ganz einfache Wort sind unser Stempel, unser Zeichen, sind
unsere Legitimation in der Geschichte ... Wir sagen: Das
Messer (*nož*), und wenn wir das Wort hören, kommt Leben
in uns, in den Augen flammt etwas auf, stürmisch schlägt das
Herz, im Gehirn blitzt etwas auf, wir erschaudern ... Das
Wort schlägt in uns ein, in diesen drei Buchstaben liegt unsere ganze Geschichte ...«

Von dem Schriftsteller Brana Crnčević, der sich als »pro-
fessioneller serbischer Nationalist« bezeichnet und Abgeordneter der Serbischen Sozialistischen Partei im Belgrader Parlament ist, gibt es den Ausspruch: »Die Serben töten nicht
aus Haß, sondern aus Verzweiflung. Und aus Verzweiflung zu
töten ist eine Angelegenheit zwischen dem Täter und Gott,
während aus Haß zu töten eine Sache zwischen dem Täter
und dem Teufel ist. Für die serbischen Verbrechen ist Gott
zuständig, für die Verbrechen der anderen der Teufel.«

34

Die Serben – ein absterbender Ast?

STELLT MAN SICH DIE VÖLKER IM EHEMALIGEN JUGO-
slawien als einen Baum mit vielen Ästen vor, dann sind die
Serben ein absterbender Ast. Jedenfalls im demographischen
Sinn, was die Bevölkerungszahlen der Republik Serbien in
den letzten Jahrzehnten betrifft.

Die letzte Volkszählung fand 1991 im damals noch bestehenden Jugoslawien statt. Die Albaner im Kosovo und
in Mazedonien boykottierten sie zwar, aber mittels einer
Hochrechnung, die auf den Zahlen der Erhebungen von
1981 basierte, gelangte man doch zu halbwegs verläßlichen
Zahlen. Demnach hatte die Republik Serbien im März 1991
9,778.991 Einwohner, davon 6,446.595 Serben und 1,674.353
Albaner. Der Rest verteilte sich auf 25 ethnische Gruppen beziehungsweise auf eine Bevölkerung, die sich in ethnischer
Hinsicht nicht deklariert hatte. In absoluten Zahlen ausge-
drückt stieg die Zahl der Serben zwischen 1981 und 1991 nur
um 116. 237, die der Albaner aber um 371. 321. Innerhalb von
zehn Jahren fiel somit der Anteil der Serben an der Gesamtbevölkerung Serbiens von 71,6 auf 69,3%, der Anteil der
Albaner aber stieg von 14 auf 17,1%.

Das alarmierte die Belgrader Demographen. Besonders als
sie sich in die Materie vertieften und folgendes herausfan-
den: 1948 zählte man im Kosovo, wo die Albaner heute beinahe 90% der Bevölkerung stellen, 733.000 Einwohner. 1991
betrug die Bevölkerungszahl im Kosovo aber 1,674.353, was in
dieser Zeitspanne einem Zuwachs von 230% entspricht.
Demgegenüber stieg die Bevölkerungszahl in Gesamtjugo-

slawien in diesem Zeitraum von 15,841.566 auf 23,5 Millionen, was einer Zunahme von nur 50% entspricht.

Im Kosovo fand also innerhalb von 43 Jahren eine regelrechte Bevölkerungsexplosion statt. In einer 1995 erschienenen Studie zur Bevölkerungsentwicklung wird dies auf den Geburtenzuwachs bei den Albanern im Süden Serbiens zurückgeführt. 1989 zum Beispiel seien im Kosovo 54.887 Kinder geboren worden, gestorben seien dort insgesamt 9.749 Menschen. Der natürliche Bevölkerungszuwachs habe dort also 45.138 Personen betragen.

Im übrigen Serbien hingegen habe es in dem fraglichen Jahr nur einen Zuwachs von 4.641 Menschen gegeben, das sei nur ein Zehntel dessen bei den Albanern gewesen. Damit stehe das Kosovo, was sein Bevölkerungswachstum betrifft, an der Spitze Europas.

Die Autoren dieser Studie machen für diese Entwicklung die niedrige Geburtenrate bei den Serben verantwortlich. Mit 12,5 pro 1000 Einwohner sei sie die niedrigste unter allen ethnischen Gruppen des Landes. Die Zahl der Todesfälle auf 1000 Einwohner (10) sei hingegen vergleichsweise die höchste. Der Zeitpunkt, da sich beide Zahlen decken und bei den Serben kein natürlicher Bevölkerungszuwachs mehr verzeichnet werden könne, sei daher bereits vorauszusehen.

Anders bei den Albanern. Während bei den Serben nur 22% in einer Untersuchungsgruppe von Frauen zwischen 45 und 50 Jahren mehr als zwei Kinder haben, haben 54% gleichaltriger Albanerinnen im Durchschnitt sieben Kinder lebend zur Welt gebracht. Auch in gebildeten Kreisen der Albaner gebe es im Durchschnitt fünf bis sechs Kinder.

Aufgrund dieser Tatsachen gibt es bei den Serben Berechnungen, wonach das Kosovo schon im Jahre 2021 3,5 Millionen Einwohner, fast ausschließlich Albaner, haben werde. In ganz Serbien werde es zu diesem Zeitpunkt 10,8 Millionen Einwohner geben, davon aber nur 7,6 Millionen, also 71,1%,

Serben und andere Nationalitäten. Und Mitte des kommenden Jahrhunderts würden die Albaner bereits 40,5% der Einwohner Serbiens ausmachen.

Abgesehen von der Frage, wie diese Menschenmassen im Kosovo ernährt werden sollen – schon heute leben hier 147 Menschen pro Quadratkilometer, im jugoslawischen Durchschnitt sind es 88 – ist die Aussicht, daß die Serben in durchaus absehbarer Zeit nur noch die Hälfte der Einwohner des eigenen Landes ausmachen werden, für viele ein Alptraum.

Kann diese Entwicklung durch den Zustrom serbischer Flüchtlinge aus der Krajina und eventuell aus den westbosnischen Gebieten wenigstens zum Teil ausgeglichen werden? Es ist wohl kaum zu erwarten, daß dadurch in demographischer Hinsicht eine Umkehr der Entwicklung herbeigeführt werden könnte.

35

Die traurige Bilanz
des »serbischen Krieges«

Was haben die Serben mit dem vierjährigen Krieg innerhalb des ehemaligen Jugoslawien gewonnen? Sind sie jetzt in einem Staat vereint? In einem Jugoslawien III oder in einem Groß-Serbien? Ist die »serbische Frage« gelöst? Unmittelbar vor Unterzeichnung des Friedensabkommens über Bosnien-Herzegowina am 14. Dezember 1995 in Paris hat die »Synode der Serben im Ausland«, eine Art Parlament der Serben in der Diaspora, in einer Deklaration eine Antwort auf diese Frage gegeben. »Die serbische nationale Frage«, so heißt es darin, »ist am Ende des zwanzigsten Jahrhunderts weiter von ihrer Lösung entfernt, als sie es zu Beginn des Jahrhunderts war.« An der Schwelle des neuen Jahrtausends bleibe das nationale Interesse der Serben das gleiche wie bisher: die territoriale, geistige und kulturelle Einheit des Volkes.

War der »Serbische Krieg« mit seinen insgesamt über 200.000 Toten, mit den an die zweieinhalb Millionen Vertriebenen und Flüchtlingen und den nicht abschätzbaren materiellen Verlusten und Zerstörungen umsonst? Die Serben haben ihr jahrhundertealtes Siedlungsgebiet im dalmatinischen Hinterland, also die Krajina, eingebüßt – ein Verlust von historischen Dimensionen. Die Serben in der Krajina waren nicht irgendeine Gruppe von Serben außerhalb des »Mutterlandes«. Im serbischen Selbstverständnis umgab sie eine besondere Aura. Es waren nämlich die Serben, die der ferne Kaiser in Wien am Rande seines Reiches angesiedelt hatte, um es gegen den Islam und den Großherrn am Bosporus, die jahrhundertelang das Abendland und die Christenheit bedrohten, zu verteidigen. Und diese Serben waren freie Männer, keinem Feudalherren, sondern nur dem Kaiser untertan, der ihnen für ihren Einsatz für das Reich und die Bekämpfung der Glaubensfeinde Land und zahlreiche Privilegien verliehen hatte. Die Serben von der österreichischen Militärgrenze, besonders aus der Lika, hatten den Ruf unerschrockener Kämpfer, der ihnen noch im Ersten Weltkrieg anhaftete, obwohl sie damals noch auf der Seite der »Feinde« Serbiens in den Reihen der k.u.k. Armee kämpften.

Mitčo Carevič, Professor an der Universität Banja Luka, hat die Aufgabe der Krajina als die »größte Tragödie und Schande in der Geschichte der serbischen Nation« bezeichnet. Diese Niederlage werde ein schwarzer Fleck auf der Seele der Serben bleiben. Denn das serbische Militär habe der Rückeroberung der Krajina durch die kroatische Armee keinen Widerstand entgegengesetzt, was dazu geführt habe, daß die serbische Bevölkerung ihre Städte und Dörfer Hals über Kopf verlassen mußte. Deshalb spricht Carević auch von einem »Exodus« der Krajina-Serben und nicht von einer Vertreibung.

In Bosnien-Herzegowina haben die Serben ihre Ziele nur teilweise erreicht. Zwar wurde das Land durch die Schaffung zweier staatlicher Einheiten, der bosnisch-(muslimisch)-kroatischen Föderation und der »Republika Srpska«, der Serbischen Republik, praktisch geteilt, Bosnien-Herzegowina ist in seinen Grenzen aber erhalten geblieben und wird international weiterhin anerkannt. Ein gewaltsamer Anschluß der »Republika Srpska« an das serbische Stammland ist ausgeschlossen. Die »Friedensmacher« von Dayton und Paris haben sogar ausdrücklich verlangt, daß sich die Bundesrepublik Jugoslawien und Bosnien-Herzegowina gegenseitig anerkennen, was Milošević und Izetbegović auch getan haben.

Über Nacht seien die Serben entlang der Drina in zwei

Gruppen gespalten worden, sagt Milorad Ekmečić, einer der
führenden serbischen Historiker und prominentes Mitglied
der Serbischen Akademie. »Mindestens eine Hand ist uns
abgehackt worden.« Mit anderen Worten: Die Drina ist nach wie vor eine Tren-
nungslinie zwischen den Serben. Und nicht nur eine geogra-
phische, auch eine politische. In viel stärkerem Maße als es
jemals der Fall war. Denn die Serben im Westen fühlen sich
vom »Mutterland« im Stich gelassen.

Radovan Karadžić hatte einen Anschluß der serbischen
Teile Bosnien-Herzegowinas an Serbien angestrebt und im
Fall, daß das aus Erwägungen der internationalen Politik zu
einem bestimmten Zeitpunkt nicht mehr möglich wäre, sich
eine selbständige souveräne »Serbische Republik« zum Ziel
gesetzt. Zeitweise hatte er auch mit dem Gedanken des Zusammenschlusses der »Serbischen Republik Krajina« mit der
»Republika Srpska« gespielt, war damit aber bei Milošević auf
wenig Gegenliebe gestoßen. Jetzt hat er zwar sein staatliches
Gebilde, aber innerhalb eines international anerkannten Staates Bosnien-Herzegowina, den er eigentlich hatte zerschlagen
wollen. Ob diese »Republika Srpska« jemals eine wirtschaft-
liche Existenz aus eigener Kraft entwickeln wird, ist höchst
fraglich.

Im Stammland Serbien ist während des vierjährigen Krieges
keine Fensterscheibe zu Bruch gegangen. Gekämpft wurde
außerhalb Serbiens, zuerst in jenen Teilen Kroatiens, die die
Serben für sich abspalten, dann in Bosnien-Herzegowina, das
die Serben zerschlagen und sich zu drei Viertel aneignen
wollten. Ersteres ist ihnen, wie schon gesagt, total mißlun-
gen, letzteres haben sie nur zum Teil erreicht. Aber abgesehen davon: Die blutige Spur des Krieges und der Zerstörung
zog sich nur durch die Krajina, West- und Ostslawonien
sowie durch die von den Serben beanspruchten Teile Bos-

niens und der Herzegowina. Keine Granate fiel jemals auf serbische Städte wie Kragujevac oder Požarevac, von Belgrad ganz zu schweigen.

Ist das Stammland Serbien deshalb vom Krieg unberührt geblieben? Wie viele Serben sind zum Beispiel noch in den Reihen der JNA in Slowenien und Kroatien gefallen, bevor es dort zur Einstellung der Kämpfe kam und die JNA später in Bosnien in drei Teile geteilt wurde: In ein Krajina-Heer, ein Heer der bosnischen Serben und in die »VJ«, *Vojska Jugoslavije*, die Streitkraft der – aus Serbien und Montenegro bestehenden – sogenannten »Bundesrepublik Jugoslawien«. Niemals sind Zahlen über die Verluste dieser drei Heeresgruppen veröffentlicht worden, jedenfalls nicht solange dieses Buch noch in Arbeit war. Hält man sich an die große Zahl der Kriegsverletzten allein in den Straßen Belgrads, dann muß die Zahl der Gefallenen beachtlich sein.

Eine schwere Belastung der Wirtschaft und des Staatshaushaltes Serbiens bedeutete der Zustrom von Flüchtlingen. Laut dem zuständigen UNO-Flüchtlings-Hochkommissariat haben von den rund 700.000 Flüchtlingen innerhalb des ehemaligen Jugoslawien rund 230.000 in Serbien Zuflucht gefunden. Das war aber vor der großen Fluchtbewegung aus der Krajina und West-Bosnien als Folge des Vormarsches der kroatischen und bosnisch-muslimischen Streitkräfte. Wahrscheinlich führen an die 500.000 Menschen östlich der Drina eine Flüchtlingsexistenz.

Diese Last muß die Republik Serbien mit einer durch den Krieg und die Sanktionen zerrütteten Wirtschaft tragen, deren Produktivität etwa auf ein Viertel des Vorkriegsniveaus zurückgegangen ist. Die Industrieanlagen sind veraltet, die Arbeiterschaft demoralisiert, etwa 43% der Familien leben praktisch unter dem Existenzminimum.

Noch folgenschwerer für die Wirtschaft, Technologie und Kommunikation aber ist es, daß schätzungsweise 300.000 gut

ausgebildete, jüngere Fachkräfte in den vergangenen fünf
Jahren das Land verlassen haben. Sie wollten dem nationalistischen Kurs der Politik nicht folgen oder sahen für sich
dort beruflich keine Zukunft. Das Land hat einen Aderlaß an
Intelligenz erfahren, der es zivilisatorisch um Jahrzehnte
zurückwirft.

Von keineswegs geringem Ausmaß ist die gesellschaftspo-
litische und moralische Zerrüttung, die die serbische Gesellschaft erfahren hat. Es gibt praktisch keine allgemein gültigen
Normen mehr. In der Wirtschaft sind die Grenzen zur Kri-
minalität völlig verwischt, und je schamloser sich einer be-
reichert, um so stärker ist seine Position in der Gesellschaft.
Die staatlichen Organe mißachten ihre eigenen Vorschriften,
es herrschen Willkür und Amtsmißbrauch. Innerhalb der
Machtstrukturen des Regimes werden Funktionäre ein- und
abgesetzt, ohne daß der Öffentlichkeit für die eine oder die
andere Entscheidung irgendwelche Begründungen gegeben
werden. Solche Entscheidungen fallen meistens auch nicht in
den dafür verfassungsmäßig vorgesehenen Gremien. Sie sind
einem engen Kreis um den Republikspräsidenten Slobodan
Milošević vorbehalten, und niemand weiß so richtig, wer
dazu gehört und wer nicht.

Aber wie könnte es anders sein in einem Staat, in dem
nach Aussage des Belgrader Verfassungsrechtlers Pavle Nikolić »die Verfassungsgrundsätze überhaupt nicht oder nur
mißbräuchlich angewendet werden«. Außer Nikolić sprechen
auch noch andere serbische Staats- und Verfassungsrechtler
von einer »noch nie dagewesenen Krise der Verfassungs-
mäßigkeit« im Lande.

Kein Konzertmeister
des Balkan-Orchesters

DOBRICA ĆOSIĆ HAT GESAGT: »DIE SERBEN GEWINNEN IHRE
Kriege, verlieren aber immer wieder den Frieden.« Wenn
dieser Satz jemals Gültigkeit hatte, gilt er auch nach den Kriegen in Kroatien und Bosnien-Herzegowina?
Aus der zu Kroatien gehörenden Krajina ist das serbische
Militär binnen weniger Tage vertrieben worden. Mit ihm mußten eine Viertelmillion serbischer Männer, Frauen und Kinder
ihre jahrhundertealte Heimat fluchtartig verlassen. In Bosnien-
Herzegowina mußten die Serben ein Viertel des eroberten Ge-
bietes wieder aufgeben, ebenso die Stadtteile und Vororte von
Sarajevo, die sie besetzt hatten. Flucht und Abwanderung der
serbischen Bevölkerung waren auch hier die Folge.
Diese dem Selbstbewußtsein der Serben zugefügten
Schläge werden nicht so leicht zu überwinden sein. Jedenfalls
nicht ohne eine Selbstprüfung der Nation. Und zwar nicht
nur oberflächlich, indem nach der Schuld Miloševićs an der
nationalen Katastrophe gefragt wird, sondern viel tiefer und
gründlicher, indem die Verstrickung der geistigen Eliten in
den nationalistischen Wahnsinn besonders in den Jahren 1985
bis 1995 diskutiert wird. Nicht umsonst hat der schon oben zi-
tierte und eher dem nationalen Lager zuzurechnende Historiker Ekmečić erklärt, daß die Politik der serbischen Führung
in bezug auf die Krajina-Serben und die bosnischen Serben
»von fast der gesamten Intelligenz im Land und allen Serben
im Ausland unterstützt worden ist«.
Der slowenische Autor Taras Kermauner hat einem serbischen Kollegen folgendes geschrieben: »Der Westen hat den

Serben wie dem irakischen Hussein aus Gründen des internationalen Kräftegleichgewichts ermöglicht, nicht als Geschlagene zu erscheinen. Das ist für alle eine Katastrophe. Ihr werdet euch nicht mit euch selbst konfrontieren müssen; ihr werdet euerem Selbstbetrug folgen, daß euch eine häßliche Welt betrogen und niedergeworfen hat.«

Hat nun bei den Serben ein Prozeß der Selbstprüfung, heute da diese Zeilen geschrieben werden, also mehr als ein halbes Jahr nach Dayton und Paris, vielleicht doch schon eingesetzt? Bei den Machthabern in Belgrad keineswegs. Slobodan Milošević, der Präsident Serbiens, versucht vielmehr, sich seiner Nation und der Welt als »Friedensengel« zu präsentieren und damit allen Fragen nach einer Verantwortung für den Krieg im ehemaligen Jugoslawien auszuweichen.

Dem dient nicht zuletzt das Bemühen, sich hinter dem neuen Staat »Bundesrepublik Jugoslawien« zu verstecken. Unter diesem Etikett sollen Serbien und Montenegro den einstigen Platz Jugoslawiens in den internationalen Gremien wie UNO und der OSZE bekommen. Außerdem soll diese »Bundesrepublik Jugoslawien« von den Verbündeten aus zwei Weltkriegen – England, Frankreich, den USA und Rußland – anerkannt und als Faktor der Stabilität bei einer politischen Neuordnung auf dem Balkan etabliert werden.

Damit wird es aber seine Schwierigkeiten haben, und zwar aus zwei Gründen: Serbien, das seit Beginn dieses Jahrhunderts kraft seines militärischen Potentials, seiner politischen Ambitionen und der Tatsache, in Jugoslawien über mehr als 20 Millionen Einwohner zu verfügen, an eine dominierende Rolle auf dem Balkan gewöhnt war, ist auf das Niveau eines Kleinstaates zurückgefallen. Nach der letzten Volkszählung im ehemaligen Jugoslawien im Frühjahr 1991 ergiebt sich für die heutige »Bundesrepublik Jugoslawien« eine Einwohnerzahl von 10,406.742 (9,791.475 Serben – 615.267 Montenegriner). Das entspricht in etwa der Einwohnerzahl Griechenlands und liegt nur knapp über der Bulgariens. Die Existenz eines zweiten serbischen staatlichen Gebildes auf dem Territorium des ehemaligen Jugoslawien, die »Republika Srpska« in Bosnien-Herzegowina, wird das Potential der »Bundesrepublik Jugoslawien« kaum erhöhen. Denn dieses Gebilde verfügt über keine Souveränität und ist wirtschaftlich schwach. Die Serben sind also am Ende des 20. Jahrhunderts an dessen Anfang zurückgeworfen worden, das heißt, in die Zeit der Balkankriege. Sie werden schon aus diesem Grund kaum in der Lage sein, im Orchester der jugoslawischen Nachfolgestaaten und der anderen Balkanländer den Konzertmeister zu spielen.

Ein weiterer Stolperstein ist die Tatsache, daß Serbien immer noch mit dem Kosovo-Problem belastet ist . Die Aufhebung der Autonomie der zu 90% von Albanern bewohnten Provinz Kosovo, die Unterwerfung der albanischen Bevölkerung unter ein Polizei- und Okkupationsregime hat schließlich 1989/90 die Auflösung Jugoslawiens eingeleitet.

Die Kosovo-Frage ist zur Zeit immer noch offen. Solange den Albanern, immerhin 17% der Einwohner Serbiens, ihre autonome Existenz nicht gesichert wird, kann von Stabilität nicht die Rede sein. Auch in dieser Hinsicht ist Serbien an den Anfang unseres Jahrhunderts zurückgefallen, als man das damals noch unter osmanischer Herrschaft stehende Gebiet eroberte und in das Königreich eingliederte. Eine rein machtmäßige Unterwerfung dieser nichtslawischen Volksgruppe, wie sie damals erfolgte, ist aber heute, am Ende des 20. Jahrhunderts, nicht mehr möglich. Das gilt auch für die übrigen nichtslawischen Volksgruppen in Serbien, den Magyaren und Muslimen. Bedenkt man, daß sie auch zu ihren slawischen Brudervölkern im ehemaligen Jugoslawien, den Kroaten, Slowenen und Mazedoniern, die sie zum Teil bekämpft und mißhandelt haben, ein neues Verhältnis finden müssen, dann stehen die Serben in Wahrheit an einem Wendepunkt ihrer Geschichte.

Literaturverzeichnis

AUTY, Phyllis: *Tito*. London 1970.
BABIĆ, Vladimir et al.: *Historija naroda Jugoslavije*. Belgrad 1953.
CETKOVIĆ, Jovan: *Karadjordje und Miloš*. Belgrad 1960.
DEDIJER, Vladimir: *Tito*. Belgrad 1953.
DEDIJER, Vladimir et al.: *History of Yugoslavia*. New York 1972.
DJUKIĆ, Slavoljub: *Čovek u svom vremenu*. Belgrad 1989.
DERS.: *Izmedju slave i anateme*. Belgrad 1994.
DJILAS, Milovan: *Der junge Revolutionär*. Wien 1976.
DERS.: *Der Krieg der Partisanen*. Wien 1978.
DERS.: *Jahre der Macht*. München 1983.
DJURDJEV, Branislav: *Uloga pravoslavne cirkve*. Sarajevo 1964.
DOR, Milo: *Lebwohl Jugoslawien*. Salzburg/Wien 1993.
EKMEČIĆ, Milorad: *Ratni ciljevi Srbije 1914*. Belgrad 1973.
FILIPOVIĆ, Gordana (Hg.): *Kosovo: Past and Present*. Belgrad 1989.
GARAŠANIN, Ilija: *Prepiske*. Belgrad 1950.
GAUSS, Karl Markus: *Das Buch der Ränder*. Klagenfurt 1992.
GRAHAM, Stephen: *Alexander of Yugoslavia*. London 1938.
GUTMAN, Roy: *Augenzeuge des Völkermords*. Göttingen 1994.
JELAVICH, Barbara: *Russian Foreign Policy*. New York 1963.
JOVANOVIĆ, Jovan: *Borba za narodno ujedinjenje*. Belgrad 1935.
KANITZ, Felix: *Srbija*. Belgrad 1985.
KOHL, Christine von: *Jugoslawien*. München 1990.
KOHL, Christine von; LIBAL, Wolfgang: *Kosovo*. Wien 1992.
LIBAL, Wolfgang: *Das Ende Jugoslawiens*. Wien 1993.
MANDIĆ, Dominikus: *Serben und Kroaten – zwei alte verschiedene Völker*. Bad Kissingen 1989.

MEIER, Viktor: *Wie Jugoslawien verspielt wurde.* München 1995.

PRIBIČEVIĆ, Svetozar: *La dictature de roi Alexandre.* Paris 1933.

RAZUMOVSKI, Andreas: *Ein Kampf um Belgrad.* Berlin 1980.

REHDER, Peter: *Das neue Osteuropa von A bis Z.* München 1992.

REISSMÜLLER, Johann Georg: *Jugoslawien.* Düsseldorf 1971.

RENNER, Heinrich: *Durch Bosnien und die Herzegowina.* Berlin 1897.

RUNCIMAN, Steven: *The medieval manichee.* Cambridge 1947.

DERS.: *Das Patriarchat von Konstantinopel.* München 1970.

STADTMÜLLER, Georg: *Geschichte Südosteuropas.* München 1976.

STAMBOLIĆ, Ivan: *Put u bespuče.* Belgrad 1995.

STOJADINOVIĆ, Milan: *Ni rat ni pakt.* Buenos Aires 1963.

STOJANČEVIĆ, Vladimir: *Miloš Obrenović.* Belgrad 1966.

ÜBERSBERGER, Hans (Hg.): *Der Saloniki-Prozeß.* Berlin 1933.

Register

Adžić, Božidar 163
Alexander Karadjordjević
 s. Karadjordjević, Alexander
Alexander Obrenović
 s. Obrenović, Alexander
Alexander I., russischer Zar 110
Alexander III., russischer Zar 112
Alijagić, Alija 87
Apis (Dimitrijević, D.) 69 f.,
 72 ff., 84, 124
Arsenije III., Patriarch 39
Arkan (Ražnjatović, Ž.,
 gen. Kapitän Arkan) 176

Bajesid, Sultan 16
Bakarić, Vladimir 10
Barbarossa, Friedrich 143
Barthou, Louis 96
Basariček, Stjepan 89
Basileios I., byzantin. Kaiser 27
Basileios II., byzantin. Kaiser 28
Bismarck, Otto von 115
Branković, Vuk, s. Vuk Branković
Bogumil, Pope 30
Bogdanović, Bogdan 190
Bulatović, Miodrag 157 f.

Carević, Mitčo 196
Carrington, Lord Peter 46, 176

Churchill, Winston 124, 126 f.,
 130
Cincar-Marković, Alexander
 Außenminister 42 f., 121
Cincar-Marković, General,
 Verteidigungsminister 68
Ćosić, Dobrica 35, 105 ff., 136
 f., 158 ff., 175, 180
Crnojević, s. Arsenije, Patriarch
 Arsenije III.
Crnčević, Brana 191
Crvenkovski, Krste 10
Cvetković, Dragiša 42 f., 121 ff.
Cvijić, Jovan 38 f.

Dimitrijević, Dragutin s. Apis
Djilas, Milovan 131, 137, 158 f.
Djukić, Slavoljub 106 f., 137, 156,
 174
Djuranović, Veselin 156
Dobrowsky, Josef 58
Drašković, Milorad 87
Drašković, Vuk 189, 191
Dušan, Zar 16

Ekmečić, Milorad 197, 200
Elias, Prophet 17
Franz Ferdinand, Erzherzog v.
 Österreich 71, 74, 84, 117

Franz Joseph I., Kaiser v. Österreich 116

Gaj, Ljudevit 101
Galović, Spiro 148
Garašanin, Ilija 62 ff., 102 ff.
Gavrilo, Patriarch 43 f., 125
German, Patriarch 18
Goethe, Johann Wolfgang v. 58
Gračanin, General 151, 155
Graham, Stephen 94
Grimm, Jakob 58

Hartwig, Nikolaj G. 73
Herakleios I., Kaiser 22, 24, 27
Hitler, Adolf 42, 99, 118, 121 ff., 127, 135
Honorius III., Papst 28
Hrnjak, Marko 168 f.

Isaković, Antonije 157
Izetbegović, Alija 196

Janković, Vladetta 35
Jazow, Dimitri 163
Jelavich, Barbara 111
Johannes IV., Papst 24
Johannes VIII., Papst 27
Johannes X., Papst 25
Johannes Kinnamos 29
Johannes von Ravenna 24
Jovanović, Vladislav 176 f., 183
Jović, Borisav 162 ff., 169

Kadijević, Veljko 162 f., 169
Karadjordje, Djordje 40, 48 ff., 57, 60, 67 f., 93, 189

Karadjordjević, Alexander 89, 92 ff., 103, 187, 189
Karadjordjević, Djordje, Bruder König Alexanders 110
Karadjordjević, Peter I., König 53, 73, 83, 92, 130, 189
Karadjordjević, Peter, Thronfolger, später König Peter II. 43, 122
Karadžić, Radovan 33 f., 45, 47, 144, 159, 174, 180 ff., 197
Karadžić, Vuk 40, 56 ff., 103
Kardelj, Edvard 10, 137
Kelmendi, Aziz 151
Kermauner, Taras 201
Koloman, König v. Ungarn 26
Konstantin VII. Porphyrogennetos, byzantinischer Kaiser 22, 24, 27
Kopitar, Jernej, slowenischer Prälat 57
Korošec, Anton 81, 96
Kraljević, Marko 143
Kreisky, Bruno 109
Krleža, Miroslav 20, 29

Lazar, Fürst 16 f., 34, 45
Ljubičić, Nikola 138, 148

Maček, Vladko 90, 120
Major, John 179
Makarije Sokolović 38
Manuel I. Komnenos 29
Marković, Ante 165
Marković, Mihajlo 157
Marković, Mira 151

Mehmet Sokolović 37 f.
Meštrović, Ivan 77
Mihajlović, Draža 128 ff., 134
Mihajlov, Ivan 96, 98
Milošević, Slobodan 15, 18 f.,
  47, 119, 123, 144 f., 147 ff.,
  174 ff., 183 ff.
Minić, Miloš 138
Mirković, Borivoje 124
Mišić, Živojin 73, 94
Mitsotakis, Konstantinos 180
Mladić, Ratko 181
Molotov, Wjatscheslaw M. 121
Murat I., Sultan 16
Mussolini, Benito 98, 121, 127

Napoleon I. 35, 51, 110 f.
Nedić, Milan 128, 131
Nemanja, Rastko, s. hl. Sava
Nemanja, Stefan 28
Nemanja, Stefan (Sohn) 28, 37
Neubacher, Hermann 127
Nikolaus I., russischer Zar 58
Nikolaus II., russischer Zar 74,
  116, 118
Nikolić, Pavle 199
Ninčić Momčilo 126
Nikola, König von Montenegro
  93, 112

Obilić, Miloš 16 f.
Obradović, Dosidej 40
Obrenović, Alexander 69, 89,
  92, 116
Obrenović, Ljubica 52
Obrenović, Mihajlo 54

Obrenović, Milan 115 f.
Obrenović, Miloš 40, 48 ff.,
  59 f., 67 f., 111, 157, 189
Obrenović, Draga 68,90
Ognjenović, Vida 34
Owen, Lord David 109, 179

Panić, Milan 175, 183 ff.
Panić, Života 186
Pašić, Nikola 72 f., 77 ff., 94 f.,
  144
Paul, Prinzregent, s. Pavle
Pavelić, Ante (Vizepräsident d.
  kroat. Volksrates) 83
Pavelić, Ante (Gründer d.
  Ustascha) 96, 98 f.
Pavle (Paul) 42 f., 120 ff.
Pavle, Patriarch der orthodoxen
  Kirche 46
Pavlović, Dragiša 149, 151 f.
Perović, Latinka 190
Peter I. Karadjordjević, König
  53, 73, 83, 92, 130, 189
Peter, minderjähriger Thron-
  folger, später Peter II. Kara-
  djordjević 43, 122
Petrović, Georg, s. Karadjordje,
  Djordje
Popović, Srdja 188
Pribičević, Svetozar 82, 87 ff.,
  97
Princip, Gavrilo 71, 84
Prvovjenčani, Stefan 28
Putnik, Radomir 73, 94

Račić, Puniša 89, 96

Radić, Paul 89
Radić, Stjepan 83 f., 88 ff., 97
Ranke, Leopold von 48, 58
Ranković, Alexander 9 f., 136 f., 158 f.
Rastko Nemanja (hl. Sava) 28, 30, 36, 41, 44
Ražnjatović, Željko, s. Arkan
Ribbentrop, Joachim von 121
Romanos Lekapenos, Kaiser von Byzanz 25

Šafařik, Pavel Josef 58
Sava, serb. Nationalheiliger, s. a. Rastko, Nemanja
Šešelj, Vojislav 165, 174, 185
Simović, Dušan 122 f., 129
Slijepčević, Joko 36
Smiljanić, Radomir 157 f.
Sokolović, Mehmet, s. Mehmet Sokolović
Sokolović, Makarije, s. Makarije Sokolović
Špegelj, Martin 161
Stalin, Josef 119
Stambolić, Ivan 147 ff., 151 f.
Stambolićs, die 147
Stefan, König 28, 37, 143
Stefanović, Vuk, s. Karadžić, Vuk
Stefanović, General 94
Stejić, Spasoje 86
Stojadinović, Milan 41 f., 97, 120, 125

Stratimirović, Jovan 40
Strossmayer, Josip Juraj, Bischof von Djakovo 64, 102 ff.
Suleiman der Prächtige, Sultan 37

Tito, Josip Broz 9 ff., 105, 118 f., 125, 127 f., 133 ff., 141, 159, 162, 171, 188
Tomislav, König 25
Tolstoi, Leo 35
Trumbić, Ante 77 ff., 91
Tudjman, Franjo 99, 161
Tvrtko I. 30

Vance, Cyrus 166 f., 179
Varnava, Patriarch 41 f.
Velemirović, Nikolaj, Bischof 17
Vitezović, Milovan 155
»Vlada der Chauffeur« 96
Vuk Branković 34
Vuličević, Vujica 67 f.

Wilson, Woodrow, Präsident 79
Wrangel, Peter N., General 118

Übersberger, Hans 74

Žarković, Vidoje 156
Zimmermann, Warren 179, 186, 188
Živković, Petar 73, 89 f., 120